GUÍA COMPLETA DEL CORGI

David **Anderson**

www.lpmedia.org

Datos de Publicación

David Anderson

Guía completa del Corgi – Primera edición.

Resumen: "Criando exitosamente un perro Corgi desde cachorro hasta la vejez" – Proporcionado por el editor.

ISBN: 979-8-89818-006-5

[1.Corgis – No Ficción] I. Título.

Este libro ha sido escrito con la intención de proporcionar información precisa y autorizada con respecto al tema incluido. Si bien se han tomado todas las precauciones razonables en la preparación de este libro, el autor y el editor rechazan expresamente cualquier responsabilidad por errores, omisiones o efectos adversos derivados del uso o aplicación de la información contenida en su interior. Las técnicas y sugerencias deben utilizarse a discreción del lector y no deben considerarse un sustituto de la atención veterinaria profesional. Si sospechas que tu perro tiene un problema médico, consulta a tu veterinario.

Diseño por Sorin Rădulescu

Primera edición en español, 2025

ÍNDICE

Introducción

Los Corgis son perros pequeños muy adorables e inteligentes que poseen la personalidad comúnmente asociada con caninos de mayor tamaño. Son excelentes perros guardianes y magníficos compañeros. Con una fisonomía inconfundiblemente única, es fácil entender por qué tantos propietarios llevan a sus Corgis a numerosos lugares diferentes. Quizás los Corgis más famosos son aquellos que acompañaban casi a todas partes a la Reina de Inglaterra; una razón más por la que estos perros son tan populares y una raza tan reconocida.

Estos perros fueron criados originalmente en Gales a lo largo de los siglos para ser excelentes perros pastores, lo que explica su inteligencia y robustez. También es la razón por la que son relativamente fáciles de mantener – son increíblemente leales y adoran estar con su manada.

Existen dos tipos de Corgis: el Pembroke, popular y juguetón, y el Cardigan, orgulloso y sociable. Tienen muchas más características en común que diferencias, pero estas diferencias son suficientes para que normalmente pueda distinguirse a simple vista a qué tipo pertenece un Corgi. Sin embargo, sus personalidades son un poco más distintivas, por lo que deberías conocer qué tipo tiene más probabilidades de ser el compañero adecuado para tu estilo de vida.

Independientemente del Corgi que elijas, tendrás un fantástico pequeño amigo que estará tan ansioso como tú por probar cosas nuevas.

Los Corgis son pequeños y compactos, y con su inteligencia, pueden realmente meterse en muchas cosas en las que tú no deseas que se metan. Incluso un Corgi bien adiestrado se meterá en travesuras de vez en cuando. Aprenderás a mantener los alimentos fuera de su alcance. También es importante vigilar su ingesta calórica. Esto es algo más fácil de hacer de lo que podrías pensar, ya que tienen un nivel de energía relativamente alto (aunque algunos Corgis son más tranquilos). Si bien puedes gastar la mayor parte de la energía de tu Corgi con un par de paseos largos o mucho juego en interiores, realizar caminatas más largas será beneficioso porque mantendrás a tu canino en forma.

Los Corgis pueden ser muy divertidos siempre y cuando les hagas saber que tú eres el perro alfa. Mientras seas consistente en el adiestramiento y los cuidados, es probable que tu Corgi no tenga problemas en reconocer que tú es el líder de la manada. Eso no significa que tu canino no intente salirse con la suya, pero esa inclinación por los problemas es parte de lo que hace que los Corgis sean tan adorables y fáciles de querer.

CAPÍTULO 1

Descripciones y Características

Definitorias

Hay muy pocas posibilidades de identificar erróneamente a un Corgi una vez que ha visto algunos. Son perros bajos y robustos, similares a un Basset Hound, pero con orejas muy distintivas (como antenas parabólicas) y rasgos faciales que recuerdan a un zorro.

Son perros pequeños, pero concentran una personalidad e intelecto muy poderosos en ese cuerpo compacto. Los Corgis son muy inteligentes y no tienen miedo de hacértelo saber. Son compañeros increíbles que resultan fáciles de llevar de viaje, ya que no requieren mucho espacio.

Foto cortesía de Kandace Wilkens

¿Pembroke o Cardigan?

Un Corgi parece un Corgi, independientemente de si se trata del muy popular Corgi Galés Pembroke o del más refinado Corgi Galés Cardigan. Tienen muchas más características físicas en común que diferencias, pero generalmente puedes distinguir qué tipo de Corgi es basándote en el color y algunos otros rasgos.

Apariencia

A pesar de su baja estatura, el Corgi se considera un perro de tamaño mediano porque es muy robusto y de cuerpo bastante largo. Suelen medir entre 25 y 30 centímetros de altura y pesar entre 9 y 18 kilogramos. Cuando se observa su cabeza y cuerpo, parece que sus patas simplemente no crecieron en proporción al resto de su anatomía. Tienen hermosos mantos que vienen en varios colores diferentes:

- Negro
- Canela y negro
- Atigrado
- Gris
- Azul moteado
- Rojo

Además de su tamaño y pelaje, los Corgis tienen dos características muy distintivas: grandes orejas erguidas y un rostro similar al de un zorro. Sus orejas generalmente están levantadas, y los Corgis oyen excepcionalmente bien con ellas (es una de las razones por las que son conocidos por ladrar mucho). Los cachorros de Corgi parecen estar hechos casi enteramente de orejas.

El rostro similar al de un zorro parece tener una sonrisa perpetua, lo cual es una de las razones por las que los Corgis son perros tan populares: tanto su apariencia como su comportamiento transmiten felicidad la mayor parte del tiempo.

Temperamento

Los Pembrokes y Cardigans tienen más diferencias entre sus personalidades que entre sus físicos. Sin embargo, algunos rasgos son bastante universales.

Son increíblemente inteligentes, por lo que mientras tú seas constante y dedicado en su régimen de adiestramiento, deberías tener un compañero fantástico. Es una de las razones por las que son tan populares y por qué incluso aquellos que nunca han tenido un perro pueden disfrutar de su compañía. Los Corgis captan rápidamente lo que tú deseas durante su adiestramiento, aunque esto también significa que pueden descubrir cómo romper las reglas. Si no tienes cuidado, podrías terminar siendo adiestrado por tu Corgi.

Una de las pocas cosas que tienen en común con otros perros pequeños y medianos es que ladran. Mucho. Esta es una de las mayores quejas sobre los Corgis. Con sus grandes y sensibles orejas, escuchan prácticamente todo y son muy rápidos para alertar a todos sobre lo que oyen. Esta es una de las principales razones por las que es tan importante que socialices a tu Corgi: evita que tu canino se altere por cada pequeño sonido.

Son perros de alta energía, lo que significa que llevarlos a dar al menos un par de paseos al día es la mejor manera de asegurarte de que tu Corgi no cause muchos problemas.

Son perros de trabajo, lo que significa que hay varios rasgos que debes vigilar, como la tendencia a mordisquear. Son excelentes perros de familia, aunque no son particularmente aficionados a los niños pequeños. Los ruidos fuertes que hacen los niños pequeños pueden ser una fuente de dolor y molestia para ellos.

Como otros perros de trabajo inteligentes, tienden a ser individualistas y de carácter fuerte. Si bien este es un gran rasgo para los perros pastores, es algo que querrás corregir mediante el adiestramiento cuando se trata de una mascota.

Finalmente, aunque sean individualistas, no les gusta estar solos durante mucho tiempo. Si se les deja solos en casa durante una jornada laboral completa de ocho a diez horas, tienden a ponerse inquietos y ansiosos, lo que manifiestan destruyendo objetos. Mediante el adiestramiento puedes solucionar fácilmente estos problemas, pero es mejor que no los dejes solos durante largos períodos. Como mínimo, tener otro perro cerca ayudará a calmar a tu Corgi.

¡Es un Pembroke!

Aunque los dos tipos se ven increíblemente similares, puedes saber si estás mirando un Corgi Galés Pembroke examinando algunas características diferentes.

Examinando las Orejas

Las orejas del Pembroke son más triangulares, por lo que las puntas se ven muy puntiagudas. Esto en realidad enfatiza lo puntiagudo que es el rostro del Corgi, y se ve particularmente adorable cuando está a punto de recibir una golosina.

Observando la Cola

La cola del Pembroke también suele ser corta hasta casi oculta. Si ves un Corgi que parece no tener prácticamente cola, estás mirando un Corgi Galés Pembroke.

Pelajes Comunes

Aunque el pelaje tiende a ser menos indicativo que las otras dos características, los Pembrokes generalmente tienen color canela en su manto. Puedes encontrar algunos que son principalmente negros y blancos, pero si miras de cerca, generalmente hay algo de canela, al menos en la cara.

Foto cortesía de Cassie Thwaites

Altura

Los Pembrokes tienden a ser más bajos, aunque esto no te ayudará mucho si no tienes uno de cada tipo para comparar la altura. Normalmente, deberás confiar en los otros atributos físicos para poder identificar cuál de los dos tipos de Corgis Galeses estás viendo.

Temperamento

El Pembroke es conocido por ser el más amigable de los dos (son los favoritos de la Reina Isabel II) y es altamente adaptable. Cuando se enfrenta a un desafío, un Pembroke es más propenso a cambiar para adaptarse al entorno. También tienen un nivel de energía notablemente más alto que su contraparte, lo que los convierte en una mejor opción si deseas un compañero constante para excursiones al aire libre.

Su personalidad encantadora es lo que los hace los más populares de los dos tipos. Para aquellos que desean un compañero constante sin tener que preocuparse de que el cachorro se canse tan rápido, este es el Corgi para ti.

¡Es un Cardigan!

Se puede decir que el Corgi Galés Cardigan es el más distinguido de los dos tipos. Tienden a ser más tranquilos, silenciosos y un poco menos aficionados a los cambios. Sin embargo, tienen las orejas tipo antena parabólica más clásicas que la gente asocia con el Corgi. Puede que no sean tan populares como sus parientes cercanos, pero siguen siendo increíblemente dulces.

Examinando las Orejas

Los Cardigans tienen orejas mucho más redondeadas, dándoles la apariencia de tener dos grandes antenas parabólicas sobre sus cabezas. Las orejas tienden a ser más largas y son más evidentes cuando el perro las gira para escuchar todo lo que sucede a su alrededor.

Observando la Cola

Si ves un Corgi con una cola que parece ser de longitud normal, casi con certeza es un Cardigan. La cola larga y meneante de un Cardigan es uno de los dos rasgos más distintivos.

Pelajes Comunes

Aunque necesitarás centrarte en las orejas y la cola, puedes hacer tu primera evaluación observando el pelaje. El Cardigan tiende a ser el más colorido de los dos tipos, y algunos no tienen nada de canela o beige. Si el pelaje del Corgi es moteado o atigrado, casi con certeza es un Cardigan. Si el pelaje es negro y blanco, probablemente también sea un Cardigan, pero debes buscar canela y beige en la cara, ya que podría estar bien oculto. También hay Cardigans que tienen la misma coloración de pelaje que los Pembrokes, por lo que es solo una forma de hacer tu suposición inicial sobre el tipo de Corgi.

Altura

El Cardigan tiende a ser el más alto de los dos perros, lo cual es un punto discutible si no tienes tanto un Pembroke como un Cardigan cerca para comparar.

Temperamento

Los Cardigans son los Corgis más relajados y prefieren que las cosas permanezcan iguales. Pueden adaptarse; simplemente son más propensos a disfrutar de una rutina que no involucre extraños. Es más

Foto cortesía de Michele Eathorne

probable que estén bien si se saltan ocasionalmente un paseo (tienen menos probabilidades de acumular exceso de energía que descargarán en tus muebles cuando se pierden los paseos).

Una Breve Nota sobre el Temperamento

Si bien es cierto que se pueden generalizar los tipos de personalidad según el Corgi, cada Corgi es diferente. Puedes encontrar que tu Cardigan es tan aventurero y amigable como un Pembroke, o puedes tener un Pembroke que prefiera una agradable y tranquila noche en casa. Gran parte de su personalidad tiene que ver con su adiestramiento y genética. Ciertamente no es algo malo porque todos los rasgos de personalidad más básicos son bastante universales, lo que hace que el Corgi sea tan popular en primer lugar – muchas personas ni siquiera son conscientes de que existen dos tipos diferentes.

Historia y Características de la Raza

El lugar de origen de este perro está justo en su nombre – el Welsh Corgi. Originario de Gales, este perro era ideal para el pastoreo de ganado en las colinas frías, húmedas y onduladas. Su tamaño compacto le otorgaba una ventaja distintiva al cuidar del rebaño, ya que era mucho más difícil de patear que un perro más grande.

Los Corgis han existido durante siglos, quizás milenios – el tiempo suficiente para tener una leyenda sobre sus orígenes.

La Gales Agraria y el Pastoreo de Ganado

Ni la llegada y evolución ni el origen del nombre de la raza se conocen con certeza. Ambos se han perdido en la historia, convirtiendo tanto la evolución como el nombre en una fuente de debate entre los amantes del Corgi y de los caninos. Aunque las historias son un poco más moderadas que las leyendas, todavía hay muchos puntos que están en debate, haciendo que la historia del Corgi sea un rico tapiz de conjeturas.

En los Primeros Tiempos

Primero, examinaremos la posible llegada de los perros a Gales.

Es posible que los vikingos o los celtas hayan traído una versión temprana del Corgi a la isla. Si los vikingos fueron la fuente original, el Corgi habría llegado en algún momento durante el siglo IX. Si los celtas fueron la fuente original, habrían traído los perros durante el siglo XIII. No hay suficiente evidencia para respaldar a ninguno de estos grupos como la fuente original.

Lo que se sabe es que los perros se encontraban principalmente en Gales (razón por la cual la fuente fue o bien los vikingos o los celtas). También tenían un propósito muy claro – eran perros ideales para el ganado y como guardianes, aunque inicialmente solo se utilizaban al frente del rebaño para asegurar que los depredadores se mantuvieran alejados del ganado y los rebaños. Posteriormente, los habitantes de Gales se dieron cuenta de que los perros eran igualmente útiles para conducir el ganado, por lo que se emplearon para proteger y pastorear. De ahí provienen las tendencias del Corgi a ladrar con frecuencia y a mordisquear, tendencias que siguen siendo relativamente fuertes hoy en día (aunque pueden controlarse con un adiestramiento adecuado). Se cree que en este punto los perros originales fueron cruzados con perros pastores para mejorar sus instintos de pastoreo. Esto resultó ser particularmente útil para llevar el ganado al mercado.

El ganado no era el único animal que los Corgis manejaban. También eran responsables de la seguridad de las bandadas domésticas de aves, una tarea mucho menos ardua que pastorear ganado. Aún así, después de proteger la bandada de los depredadores, los perros tenían una gran trabajo que hacer reuniendo a las aves para resguardarlas cuando llegaba el anochecer. Esto es realmente sorprendente si sabes cuánto ladran

Foto cortesía de Cassie Thwaites

los Corgis, pero en ese momento, no todos eran tan profusamente vocales. Esto era esencial ya que las aves tendían a ser nerviosas por naturaleza, y los ladridos habrían dispersado a las aves en lugar de reunirlas en un área designada. Si alguna vez has intentado hacer que las aves se muevan a cierta área, puedes entender cómo el Corgi desarrolló una voluntad tan fuerte.

Debido a su pequeño tamaño, los Corgis también eran perros ideales para deshacerse de alimañas y plagas. Con el tiempo, también se emplearon para ayudar en la caza, ya que podían entrar fácilmente en áreas que eran demasiado pequeñas para perros más grandes y altos.

Siempre han sido perros increíblemente versátiles y adaptables, lo cual es una razón significativa por la que son tan inteligentes hoy en día.

Todo Está en el Nombre

Existen varias teorías sobre los orígenes del nombre Corgi.

- Podría haber sido la palabra celta para perro, considerando que no había muchas razas en la isla.

- Podría ser una combinación de dos palabras celtas, cor (enano) y ci (perro). Ci habría tenido que evolucionar a gi en algún momento, pero así es como suelen funcionar los idiomas, por lo que la explicación tiene sentido a nivel lingüístico.

- La palabra podría tener raíces inglesas y significar cur o perro. Las palabras inglesas solían pluralizarse con en o n, por lo que el uso de la palabra Corgwn podría ser una forma plural de Corgi. Esta teoría está respaldada por el número de canciones de los siglos XIV y XV que elogian a los Corgwn. En ese momento, cur no tenía la connotación negativa que tiene hoy – simplemente significaba un perro de trabajo (en contraposición a una mascota o un perro de clase alta).

Todas estas son raíces muy sensatas y lógicas para el nombre del perro. Sin embargo, el relato más interesante proviene de las leyendas en torno a la raza.

La Leyenda del Corgi

Una de las teorías detrás del nombre Corgi en realidad está vinculada a la leyenda. Se decía que los perros eran compañeros de elfos y hadas, realizando el mismo trabajo que los caballos hacían para los humanos. Se pensaba que los Corgis se escapaban de sus hogares por la noche para estar con sus amigos mágicos. Dicen que cuando miras a los

Corgis Pembroke, las marcas en muchos de ellos (blanco alrededor de los hombros y el cuello) parecen pequeñas sillas de montar, lo que indica su uso como monturas por criaturas pequeñas.

Es una leyenda muy linda y encantadora para un perro tan pequeño lleno de tanta personalidad.

Relatos de la Divergencia de las Dos Razas

Los Cardigans son la raza más antigua, con los inicios de su existencia estimados hace unos 3.000 años. Por supuesto, la raza no era nada parecida al Corgi de hoy (la versión actual fue criada a partir de los perros originales). Provienen de la misma familia canina que produjo un perro de aspecto similar y alargado – el Dachshund.

Se cree que la versión actual del Cardigan fue criada a partir de los perros que las tribus celtas trajeron cuando llegaron a Gales.

El Corgi Galés Pembroke es tanto más conocido como más popular que el Cardigan. Los primeros registros del Pembroke se remontan a 1107, pero se sabe poco sobre los primeros días del perro. Algunos creen que fueron el resultado de la cría con el perro de ganado sueco popular entre los vikingos. Otros piensan que son una mezcla del Corgi original y el Spitz, una raza traída a Gales por inmigrantes flamencos.

La raza no fue reconocida hasta la década de 1920, cuando los dos tipos se agruparon como Corgis.

Guía Rápida de sus Mejores y Peores Características

Hay mucho que amar de estos perros, y son una gran opción para muchos hogares. Sin embargo, no son para todos. Pueden ser un excelente primer perro si nunca has tenido uno antes, pero debes estar consciente de algunas de las características que las personas encuentran frustrantes. En todo caso, puedes prepararte y entrenarlo para minimizar los aspectos que crees que probablemente te molestarán.

Mejores características

Los Corgis son inteligentes, divertidos e increíblemente leales. Aman a las personas que forman parte de su manada y se entusiasman por salir al exterior. Son conocidos por ser muy confiables y fáciles de adiestrar, dos cualidades que los hacen fantásticos para personas que no han tenido un perro antes.

Su pequeña estatura facilita adoptarlos y mantenerlos activos incluso en un apartamento (aunque su tendencia a ladrar puede hacerlos menos que ideales para la vida en apartamentos).

Tienen una personalidad de perro grande. En otras palabras, les encanta aprender cosas nuevas, hacer trucos y generalmente estar activos. Tampoco se desaniman por el hecho de que no pueden seguir el ritmo de perros más grandes, ya que persisten hasta lograr sus objetivos. Su personalidad es fácilmente atribuible a su historia como perro de trabajo – fueron tratados como los perros más grandes, por lo que aprendieron los mismos comportamientos.

Les encanta estar con las personas (a veces demasiado) y te harán sentir muy bienvenido cuando llegues a casa.

El aseo es muy fácil porque tienen un pelaje corto que no se enreda fácilmente.

Foto cortesía de
Caitlin Cassity

Peores características

Fácilmente, las dos características más molestas del Corgi son su disposición a ladrar y su tendencia a mordisquear. Puedes entrenar a tu joven Corgi para que deje de mordisquear, pero ladrar es algo que muchos Corgis nunca superan. Los hace excelentes perros guardianes ya que su voz no es la de un perro pequeño, pero puede convertirse rápidamente en una fuente de molestia si no esperabas un perro tan vocal.

Tienen tendencia a comer más de lo que deberían (como muchos perros), y con su pequeño tamaño esto es definitivamente un problema si no monitoreas cuidadosamente su ingesta calórica. Con sus espaldas largas, los Corgis necesitan mantener un peso saludable, algo con lo que luchan porque aman la comida. Con su inteligencia, se sabe que descu-

Foto cortesia de Cassie Thwaites

bren formas de subirse a las sillas (después de moverlas) para alcanzar comida en mesas y encimeras.

Ambos tipos de Corgis son prolíficos en la muda de pelo. Con su pelaje grueso y corto, básicamente mudan durante todo el año. El aseo frecuente puede minimizar esto, pero realmente no puedes eliminarlo por completo.

Están llenos de energía, lo cual es algo excelente si tú eres una persona activa. Si no te gusta salir regularmente, o si no puedes salir casi a diario, los Corgis probablemente no sean una gran elección como compañero porque tienden a ser destructivos cuando están solos en casa durante demasiado tiempo o cuando no hacen ejercicio regularmente.

También tienden a ser tercos e independientes, lo que puede ser problemático si tú no eres asertivo y consistente en su cuidado.

Una Elección Real

Una de las cosas que casi siempre se menciona cuando las personas hablan de los Corgis es que son la elección canina de la Reina de Inglaterra. Todos sus perros son Corgis Galeses Pembroke.

Su amor por los Corgis la ha visto acompañada por más de treinta Corgis a lo largo de toda su vida. Recibió su primer Corgi de su padre, el Rey Jorge VI, en 1933.

Curiosamente, las personas en realidad utilizan a los Corgis para intentar predecir el próximo nombre de los miembros de la familia real. Existe un juego (y puedes apostar si crees que puedes adivinar correctamente el próximo nombre) donde a los Corgis se les ponen chalecos con el nombre más probable que se le dará al próximo miembro de la familia real.

CAPÍTULO 3

El Hogar Ideal

Debido a su tamaño, los Corgis pueden sentirse cómodos y felices en la mayoría de los tipos de viviendas, incluyendo apartamentos (aunque es posible que sus vecinos no estén tan contentos con todos los ladridos). Aun así, hay algunos tipos de entornos y estilos de vida que son más adecuados que otros.

Ten en cuenta que son perros activos. Puede que no sea necesario disponer de un patio grande, pero el ejercicio diario es imprescindible. Los Corgis son también inteligentes, lo que significa que vas a necesitar asegurar ciertas áreas de tu hogar contra las travesuras caninas. Su habilidad para robar comida y su alto nivel de energía hacen que la actividad regular sea una prioridad. Si no tiene un patio o suficiente espacio para jugar realmente en tu hogar, necesitarás vivir cerca de algún lugar donde puedas llevar a tu Corgi con regularidad. Podría ser un parque o simple-

Foto cortesia de Betsy Ellsworth

mente muchas aceras diferentes para que tu Corgi disfrute de paseos nuevos con cierta frecuencia.

El Mejor Entorno

Los Corgis son increíblemente populares debido a su tamaño y personalidades asombrosas. Debido a la facilidad con la que pueden ser adiestrados, muchas personas piensan que son el perro perfecto para tener. Eso puede ser cierto para muchas personas, pero como cualquier otro perro, existen situaciones óptimas para ellos.

Un Canino Compacto para Cualquier Hogar

Una de las cosas que la gente más ama de los Corgis es su adorable cuerpo pequeño. Se parecen mucho a los Dachshunds con sus cuerpos largos y bajos, pero son mucho más robustos y anchos que estos. Su peso los califica como perros de tamaño mediano, lo que puede parecer ex-

Foto cortesía de Tammie Songer

traño hasta que levantas uno. Aun así, ni siquiera llegan muy arriba en las espinillas de una persona adulta. Su pequeña estatura y constitución robusta implica que pueden sentarse fácilmente contigo en el sofá o acostarse a los pies de tu cama sin ocupar mucho espacio, pero hay más que suficiente perro para abrazar.

Tampoco requieren una jaula grande, ya sea para viajar o para uso doméstico. Muchos Corgis no tienen miedo y se entusiasman con diferentes aventuras. Su presencia puede ser muy tranquilizadora después de un largo día, y su entusiasmo puede ser contagioso. Como pueden ir a casi cualquier lugar donde tú vayas sin ocupar mucho espacio adicional, es fácil entender por qué a la gente le encanta tenerlos.

Incluso Sin Patio Está Bien – Siempre que Tu Corgi Reciba Ejercicio Moderado

Foto cortesía de
Betsy Ellsworth

Es casi imposible exagerar la importancia del ejercicio para los Corgis. Teniendo en cuenta su historia como perro de trabajo altamente adaptable (pastoreo, protección, captura de plagas, caza y cuidado de aves), no debería sorprender que tengan mucha energía concentrada en ese pequeño cuerpo. No necesitas un patio, pero debes estar comprometido a sacarlos a pasear al menos un par de veces al día. Para el Corgi, caminar tiene más que ver con moverse que con hacer sus necesidades.

Si no puedes sacar a tu canino con frecuencia, necesitas tener un patio donde pueda jugar y gastar energía.

El ejercicio es esencial para los Corgis por dos razones: ganan peso fácilmente y pueden volverse destructivos si tienen energía acumulada. Si no te aseguras de quetsu Corgi tenga una manera de hacer suficiente ejercicio, realmente no puedes culparlopor destruir cualquier cosa a su alcance – y con una mente tan aguda, pueden llegar a lugares que tú nunca pensarías que podrían alcanzar.

En resumen, un patio no es necesario siempre y cuando tenga lugares cercanos donde pueda ejercitarse.

Una Advertencia sobre los Apartamentos y los Ladridos

Esas orejas hacen exactamente lo que tú piensas que deberían hacer – permiten a los Corgis escuchar cosas que incluso muchos otros perros no notan. Con una audición tan sensible, no debería sorprender que estos perros sean increíblemente vocales. Ladrarán prácticamente a cualquier cosa, dentro o fuera de tu hogar.

Si su tamaño los hace ideales para un apartamento, su tendencia a ladrar contrapone una advertencia a ese ideal. O bien necesitas tener paredes más gruesas que las de un apartamento promedio, o necesitas tener vecinos a los que no les importe el ladrido constante, o necesitas adiestrar a tu perro para que ladre solo ante ciertos tipos de sonidos. La tercera opción es probablemente la más difícil de lograr, ya que significa luchar contra siglos de instinto desarrollado.

Cuando utilizas las herramientas adecuadas o adoptas un cachorro de padres menos propensos a ladrar, tienes mejores posibilidades de adiestrar a tu Corgi para que sea más silencioso. Después de todo, son los mismos perros que ayudaron a manejar rebaños, lo que no podrían hacer bien si ladraran incesantemente. Solo debes saber que puedes estar asumiendo una tarea titánica, y necesitarás adaptarte en consecuencia. Además, planifica cómo manejar los ladridos frecuentes, ya que esto asegurará que puedas reaccionar rápidamente durante el adiestramiento.

Superficies del Suelo

Foto cortesía de Sunny Hanford

El Corgi parece robusto, pero estar tan cerca del suelo no significa que les sea más fácil detenerse en pisos resbaladizos, como los de madera o vinilo. Como tienden a emocionarse al jugar, esto a menudo significa que terminan deslizándose contra las cosas. Generalmente se recuperarán rápido, pero a largo plazo, esto no es bueno para tu Corgi.

Puedes colocar alfombras o tapetes antideslizantes en las áreas donde juega tu Corgi para ayudar a garantizar que tu canino se mantenga seguro.

No Son Ideales para Niños Pequeños

Hay mucho que amar de los Corgis, pero una de las pocas preocupaciones es que hay un número relativamente grande de ellos que no son aficionados a los niños pequeños. Los niños pequeños y otras personas de baja estatura están aproximadamente a la misma altura que un Corgi, y eso puede crear problemas. Los niños pequeños no son delicados, y a los Corgis no les gusta ser manipulados de manera brusca (están acostumbrados a ser los pastores, no los pastoreados).

Cuando se combina esto con el hecho de que los Corgis tienen una audición increíblemente sensible, realmente no puedes esperar que el perro sea aficionado a los niños pequeños y otras personas jóvenes. Las personas de esas edades también están explorando los sonidos que pueden hacer, y el volumen no es algo que entiendan todavía. Cuando un niño pequeño comienza a gritar y llorar, esto puede ser físicamente doloroso para un Corgi. Esto significa que pueden ser menos tolerantes (y estar menos complacidos) con los niños pequeños.

Foto cortesía de
Liza Gagne

Estilo de Vida Ideal

Ante todo, los Corgis quieren estar contigo. A la mayoría de ellos les disgusta estar solos, así que si tienes un Corgi, se mantendrá a tu lado tanto como sea posible. Eso significa que necesitas estar en casa con más frecuencia de la que no estás, o necesitas poder llevar a tu perro contigo cuando vayas a estar fuera durante largos períodos del día.

Necesitan mucho ejercicio, aunque no tanto como muchos de los otros perros de trabajo, ya que son más pequeños. Eso no significa que el perro pueda volverse complaciente y saltarse los paseos. Realmente deberías disfrutar estar al aire libre, y un Corgi puede hacer que tus excursiones sean mucho más agradables.

Fortalezas

Una de las cosas que la gente ama de los Corgis es que son increíblemente atentos. Quieren estar contigo, escucharte y jugar contigo. Por supuesto, también quieren establecer las reglas, pero puedes enseñarles que no son el perro alfa para que escuchen mejor.

Los Corgis también son perros juguetones y a menudo se les describe como alegres. Debido a su tamaño, es más fácil cansarlos más rápido, aunque se sabe que algunos solo necesitan un breve descanso antes de estar listos para más actividad. Tienen mucho espíritu y les encanta estar activos, por lo que el potencial para juegos y otro tipo de entretenimiento es casi ilimitado.

Beneficios Comunes del Ejercicio

Otra cosa que es genial de los Corgis es que pueden obligarte a ejercitarte más sin que se sienta como una tarea. Sin embargo, realmente no tienes que hacer nada elaborado para mantenerlos activos y felices. A diferencia de los perros de trabajo más grandes, los Corgis se contentan con paseos frecuentes, algo de juego en el patio y retozar en el parque.

Al ejercitarte con tu Corgi, ambos se vuelven más saludables y se mantienen más saludables. Tu perro estará cansado (al menos por unos minutos) y tú habrás hecho algo por ti mismo que quizás no hubieras hecho sin tu perro.

El ejercicio también mantiene a tu Corgi entretenido. Debido a que son perros inteligentes, no les va bien cuando están encerrados en casa durante días. Tampoco tienes que ejercitarte según un horario establecido. Cuando tú y tu canino salen a ejercitarse con regularidad, tu Corgi será más feliz.

Foto cortesía de
Jae Ojala

Un animado juego de búsqueda puede ser suficiente para que los Corgis liberen parte de ese exceso de energía. Con sus patitas cortas, no tienen que ir tan lejos para obtener un ejercicio adecuado. Esto no significa que debas escatimar. Si tu Corgi juega a buscar durante veinte minutos seguidos y todavía está bastante emocionado, salir a caminar asegurará que esa energía se agote antes de regresar al interior.

Finalmente, debido a que son perros de trabajo pequeños, les encanta la comida y pueden aumentar de peso rápidamente si no se ejercitan con frecuencia. Los viajes frecuentes al exterior los mantendrán mental y físicamente saludables.

Cuidado con la Soledad y el Aburrimiento

Los perros de trabajo son conocidos por destrozar, rasgar y destruir cualquier cosa a su alcance cuando se les deja solos sin nada que hacer durante largos períodos. Los Corgis no son diferentes. De hecho, pueden ponerse ansiosos cuando se les deja solos durante largos períodos, aumentando significativamente las probabilidades de que regreses a casa y encuentres un completo desastre.

A los Corgis no les gusta estar solos. Es por eso que muchos Corgis tienen al menos otro compañero canino. El segundo perro no te reemplaza a ti, pero puede hacer que el Corgi se sienta un poco más seguro cuando tú no estás cerca.

El hecho de que sean inteligentes también puede ser un problema porque pueden descubrir cómo hacer cosas que tú nunca imaginarías. Por ejemplo, pueden descubrir cómo mover una silla lejos de la mesa para poder saltar a la silla y luego a la mesa y comer cualquier cosa que hayas dejado allí. La resolución de problemas es algo que hacen extremadamente bien, y cuando se aburren o se sienten solos, eso puede ser peligroso, tanto para ellos como para tu hogar.

Las Dos Temporadas de Muda

Los pelajes de los Corgis son increíblemente fáciles de manejar, pero esos pelajes gruesos también mudan de una manera que no creerías. Puedes pensar en los Corgis como si tuvieran dos temporadas de muda: la primera mitad del año y la segunda mitad del año. Es casi alucinante cuánto pelo pueden soltar estos pequeños caninos compactos. En uno o dos días, comenzarás a ver pequeñas bolas de pelo rodando por el suelo, y será prácticamente imposible deshacerse completamente de ellas.

El cepillado frecuente ayudará, pero aún tendrás pelo de perro por todas partes en tu hogar y en tu guardarropa. Es un precio relativamente pequeño a pagar por un perro tan adorable y cariñoso.

Extremadamente Sensibles – Lo Oyen Todo

Esas grandes orejas le dan al Corgi un sentido de la audición que la mayoría de los animales no tienen, y vienen con dos inconvenientes: les molestan los ruidos fuertes y responden prácticamente a cualquier cosa.

Debes tener cuidado alrededor de los Corgis para asegurarte de no lastimar sus oídos. No les molesta su propio ladrido, pero los ruidos fuertes y los gritos pueden afectarlos negativamente. Es por eso que tienden a ser cautelosos o a mantener distancia con los niños pequeños. Los niños pequeños tienden a chillar y gritar, y eso puede lastimar los oídos del Corgi. Los ruidos fuertes son más fuertes para tu Corgi también, por lo que debes tener cuidado de no lastimarlos llevándolos a lugares donde hay mucho ruido fuerte. No es tan grave como para tener que ajustar tu vida en torno a ello, pero es algo que debes tener en cuenta por el bien de tu Corgi.

Su increíble audición es la razón por la que estos perros son conocidos por ladrar mucho. Cualquier pequeño sonido puede desencadenarlos. Las probabilidades son muy altas de que tengas que aprender a tolerar cierta cantidad de ladridos innecesarios hacia lo que tú piensas que no es nada. Ellos escuchan sonidos que túno oyes, y no tienen miedo de hablar cuando lo hacen.

Un Perro Pequeño para Quienes Aman a los Perros Grandes

Si amas a los perros grandes pero no tienes espacio en tu hogar para uno, los Corgis son una alternativa perfecta. Te darán el mismo tipo de atención y afecto que obtendrías de un Labrador Retriever o un Golden Retriever, sin el tamaño. Serán igual de activos y te ayudarán a sentirte mejor al final de un largo día. Al final, solo quieren estar con sus personas, jugando y disfrutando del aire libre.

Pembroke – Divertido y Afectuoso

Los Pembrokes son los más populares de los dos tipos de Corgi porque son más afables y cariñosos. Quieren estar afuera haciendo cosas y disfrutando de lo que sea que tú estés haciendo. Tu Pembroke proviene de una larga línea de perros conocidos por pastorear y reunir animales mucho más grandes (y algunos más pequeños). Esto hace que Tu perro sea intrépido y curioso, lo que es un tipo diferente de entretenimiento para TI. Disfrutan de los cambios y pueden adaptarse rápidamente a nuevos juegos y eventos.

Cardigan – Protector e Inteligente

Los Cardigans son los más tranquilos y relajados de los dos perros. Es menos probable que les importe estar más tiempo en casa (aunque todavía requieren bastante ejercicio, así que no te vuelvas demasiado pasivo). Prefieren que las cosas estén en un horario un poco más regular, pero aún necesitan actividades para mantenerlos mentalmente estimulados. Es más probable que sean muy protectores contigo (más allá de simplemente ladrar) y tienden a ser más analíticos que sus contrapartes Pembroke. Esto significa que debes estar preparado para ser más astuto que ellos si vas a dejarlos solos o quieres jugar un juego diferente.

CAPÍTULO 4

Cómo encontrar tu Welsh Corgi

Si has llegado hasta aquí, probablemente estés entusiasmado con la idea de encontrar tu propio Corgi para llevarlo de aventuras y relajarte con él. ¡Bienvenido a un mundo completamente nuevo de diversión, entretenimiento y amor! Tu decisión muy probablemente te ayudará a encontrar a uno de los mejores amigos que jamás tendrás.

Tú ya tienes las bases necesarias para comprender en qué te estás metiendo. Ahora es el momento de aprender cómo deberías proceder para encontrar al nuevo miembro de tu familia.

Tus dos primeras decisiones serán las más difíciles:

- ¿Un Pembroke o un Cardigan será la opción adecuada para tu hogar?
- ¿Deseas un cachorro o un perro adulto?

Estas son preguntas complicadas. Cada Corgi es diferente, por lo que esperar que tu Pembroke o Cardigan sea exactamente como suelen describirse probablemente no funcionará. La información sobre sus personalidades típicas es una guía, no una regla absoluta. En última instancia, la respuesta depende de la segunda pregunta: decidir la edad del perro cuando lo adquieras. Es una cuestión aún más difícil porque una opción implica mucho más trabajo, mientras que la otra implica comprender la personalidad ya establecida de tu perro.

Decidir entre el Pembroke y el Cardigan – Consideraciones iniciales

Tu primera decisión debería ser seleccionar el tipo de Welsh Corgi que deseas: el Pembroke o el Cardigan. Es muy probable que tu personalidad y estilo de vida se alineen mejor con la personalidad de uno u otro tipo.

- Los Pembrokes son divertidos y adaptables. Si tú estás constantemente en movimiento y quieres tener un compañero que lo disfrute, el Pembroke es una mejor elección para tu estilo de vida. Aunque ladran bastante, son muy amistosos. Son compañeros casi perfectos para personas activas.

- A los Cardigans les gusta moverse, pero también saben apreciar una noche tranquila en casa. No requieren tanta actividad y son mejores perros guardianes ya que son más protectores. Si buscas un perro que pueda disfrutar de la noche en casa contigo y sea un mejor guardián, el Cardigan es una mejor elección.

Ten en cuenta que todos los Corgis son muy individualistas, y el hecho de que tú busques una personalidad particular no significa que la obtendrás. Gran parte de la personalidad de tu perro dependerá de lo bien que lo entrenes (si adquieres un cachorro). Si eliges un perro adulto, su personalidad ya está establecida y las personas que lo cuidan podrán indicarte mejor si el perro muestra el tipo de personalidad que tú deseas. La genética hace que su personalidad sea más predecible, pero nunca está garantizada.

Foto cortesía de Kandace Wilkens

Adopción a través de un criador

Una vez que sepas qué tipo se adaptará mejor a tu hogar y hayas decidido que estás preparado para dedicar mucho tiempo al adiestramiento de un cachorro, es momento de comenzar a buscar al criador que probablemente te proporcionará un cachorro de Corgi sano y feliz. Debes tener cuidado porque hay muchos criadores de Corgis. Tú quieres un criador que se preocupe tanto (o más) por los cachorros como por obtener ganancias de la venta. Esto significa tomarse un buen tiempo para investigar minuciosamente a los criadores.

Cómo encontrar un criador

Tú necesitas un criador que tome en serio el cuidado de los cachorros y les muestre la atención y el cuidado necesarios para que estén bien adaptados cuando estén listos para dejar a su madre. Para empezar, debes investigar a los criadores y considerar solo aquellos que exhiben y titulan a sus perros desde el principio. Es muy probable que termines en una lista de espera, pero significa que tu cachorro estará sano tanto mental como físicamente.

Una vez que hayas reducido la lista de criadores que contactarás, deberás llamarlos y hacer preguntas. Estate preparado para que esto tome hasta una hora por criador (puede que no sea así, pero es mejor planificarlo) para que puedas comprender completamente cuánto sabe el criador sobre el perro y qué tan bien cuida a los cachorros.

- Pregúntales sobre el tipo particular de Corgi para averiguar si el criador solo se enfoca en los aspectos positivos. Un buen criador querrá asegurarse de que tú comprendas los posibles problemas de tener un Corgi e intentará disuadirte si los aspectos negativos podrían ser un problema para tí.

- Pregunta sobre pruebas de salud y certificaciones. Estos puntos se cubren con más detalle en la siguiente sección, pero tu criador debe tener todas las pruebas y certificaciones para garantizar que recibas el cachorro más saludable posible. Los buenos criadores a menudo ofrecen garantías contra los peores problemas genéticos.

- Verifica que el criador se encargará de todos los problemas de salud iniciales, como vacunas y desparasitación. Los cachorros necesitan comenzar estos procedimientos cuando tienen seis semanas de edad, lo cual es mucho antes de que el cachorro pueda dejar a su madre. Las vacunaciones y desparasitaciones ocurren cada tres semanas, por lo que tu cachorro debería estar bien avanzado en su atención médica inicial (o incluso completamente a través de las fases iniciales) antes de llegar a tu hogar.

- Averigua si el criador requiere que el cachorro sea esterilizado o castrado cuando alcance la madurez. Muchos criadores exigen que los cachorros sean esterilizados o castrados como parte del contrato. Esto está destinado a ser en el mejor interés del cachorro.

- Pregunta si el criador forma parte de un club u organización de Corgis. Los Corgis han existido durante el tiempo suficiente para que haya una serie de códigos y estándares requeridos para los miembros que crían sus Corgis. Si encuentras un criador que forma parte de una organización de Corgis y no puede satisfacer tu solicitud, ese criador probablemente pueda dirigirte a otros buenos criadores. Los cachorros de estos tipos de criadores tienen muchas más probabilidades de estar sanos y felices, ya que los criadores deben ser tanto concienzudos como honestos acerca de los padres y los cachorros.

- Averigua qué sucede durante la primera fase de la vida de los cachorros y cómo el criador los cuida durante la etapa más temprana de sus vidas. Esto te ayudará a saber cuánto trabajo tienes que hacer tú también. Querrás adiestrar a tu perro de manera consistente, y eso será mucho más fácil si continúas con lo que el criador comenzó. El criador también puede haber iniciado diferentes tipos de adiestramiento, como el entrenamiento para hacer sus necesidades en el lugar adecuado y el uso de la jaula. Necesitarás saber eso antes de llevar a tu cachorro a casa.

- Pide consejos sobre cómo criar a un Corgi. Un buen criador puede hacer recomendaciones y te dará opciones sobre cómo manejar algunas de las fases menos agradables, así como cosas que a tu cachorro probablemente le encantarán. Un gran criador también estará disponible para responder preguntas sobre tu Corgi mucho después de que tu perro haya alcanzado la madurez. Están interesados en el bienestar del perro y están dispuestos a responder preguntas durante toda la vida del Corgi.

Pruebas de salud y certificaciones

Para un perro con una historia tan larga, los Corgis son increíblemente saludables y relativamente libres de problemas genéticos importantes. Sin embargo, hay algunas pruebas y certificaciones que deben realizarse.

Como el más joven de los dos tipos, los Pembrokes no requieren tantas pruebas y certificaciones:

- Evaluaciones de displasia de cadera (evaluación de la FCI o una evaluación PennHIP)
- Examen ocular por parte de un oftalmólogo veterinario certificado (deben estar registrados con la FCI o una organización equivalente)

Los Cardigans necesitan un poco más de atención en términos de pruebas:

- Evaluaciones de displasia de cadera (evaluación de la FCI o una evaluación
- Examen ocular por parte de un oftalmólogo veterinario certificado (deben estar registrados con la FCI o una organización equivalente)
- Una prueba de ADN para la Atrofia Progresiva de Retina (APR)

No hay certificaciones estrictas, pero es deseable que tu criador forme parte de un club u organización establecida.

- Los criadores de Pembroke generalmente forman parte de clubes nacionales de Pembroke Welsh Corgi, y se adhieren a todas las regulaciones sobre la cría de Pembroke Welsh Corgis. También recomiendan que los criadores proporcionen una copia del Código de Ética para criar y tener un Pembroke.
- Los criadores de Cardigan pueden unirse a clubes nacionales de Cardigan Welsh Corgi, y deben adherirse a pautas específicas.

Ser miembro de estas organizaciones significa que los criadores están obligados a cumplir con un conjunto mínimo de requisitos. Si no cumplen con estos requisitos, a los criadores no se les permite ser miembros de las organizaciones. Esto asegura que los criadores que pertenecen a estas organizaciones sean confiables y predecibles en la forma en que tratan a sus cachorros.

Contratos y garantías

Dado que estos son perros con una larga historia, no debería sorprender que muchos criadores tengan contratos que tú debes firmar antes de que consideren venderte un cachorro. Muchos de ellos también tienen garantías, que pueden o no hacerte sentir más tranquilo.

Las garantías establecen lo que el criador está garantizando con tu nuevo perro. Esto generalmente incluye información sobre la salud del perro y recomendaciones sobre cuáles son los siguientes pasos del dueño. Por ejemplo, puede recomendar que lleves a tu cachorro al veterinario dentro de los dos días posteriores a su llegada a casa para asegurarse de que el perro esté tan saludable como se cree. En caso de que se encuentre un problema de salud importante, el cachorro deberá ser devuelto al criador. También explicará lo que no está garantizado. La garantía tiende a ser muy larga (a veces más larga que el contrato), y debes leerla bien antes de firmar el contrato.

Además del precio de obtener tu perro, los contratos de Corgi aseguran cierto comportamiento por parte del nuevo dueño humano del Corgi. Los contratos de Corgi generalmente vienen con el requisito de que el perro sea esterilizado o castrado una vez que alcance la madurez (normalmente a los seis meses). El contrato también puede contener requisitos de nombres, detalles de salud y una estipulación sobre lo que sucederá si ya no puedes cuidar al canino (el perro generalmente vuelve al criador). También incluyen información sobre lo que sucederá si tú eres negligente o abusivo.

Genética del cachorro – los padres

Debido a que la raza tiene una historia tan larga, los criadores toman en serio la historia de los padres (especialmente los miembros de las diferentes organizaciones de Corgi). Querrás revisar la historia completa de ambos padres para tener una idea de lo que puedes esperar de los cachorros. Desde sus personalidades hasta sus tendencias, podrás tener una buena idea de lo que deberías esperar de tu nuevo miembro de la familia.

También debes dedicar un buen tiempo a aprender sobre los padres a través del criador. Las cosas que deseas saber probablemente se encuentran en historias sobre los padres más que en un sitio web que detalla su linaje e historia.

Selección de tu cachorro

Seleccionar un cachorro de Corgi es prácticamente lo mismo que elegir cualquier tipo de cachorro. Gran parte depende completamente de ti y de lo que deseas en un perro. La experiencia puede ser muy entretenida y agradable, y en última instancia muy difícil. Por muy divertido que sea, debes ser cuidadoso y serio para no dejarte influir por cosas que más tarde pueden resultarte molestas.

Mientras observas a los cachorros, nota qué tan bien juega cada cachorro con los demás. Este es un gran indicador de cómo reaccionará tu cachorro ante cualquier mascota que ya tengas en casa.

También debes observar a los cachorros como grupo. Si notas que la mayoría de los cachorros exhiben un comportamiento agresivo o parecen tender a ser desconfiados, es posible que no desees seleccionar un cachorro de esa camada. De manera similar, si los cachorros parecen estar aterrorizados de ti, como mantener sus colas metidas o encogerse (ya que no puedes saber con la cola corta del Pembroke si el cachorro está tratando de esconderla), eso es una indicación de los tipos de problemas que puedes encontrar con tu cachorro y su adiestramiento. Lo que deseas es una camada llena de cachorros amistosos, incluso si no comienzan a saludarte de inmediato. A veces solo quieren jugar con sus hermanos o averiguar primero qué está sucediendo.

A continuación, observa que a menudo hay al menos uno que está muy ansioso por conocerte. Muchas personas toman eso como una señal de que ese cachorro es el adecuado para su

Foto cortesía de Caitlin Cassity

familia. Sin embargo, ese no siempre es el caso. Ten en cuenta que el cachorro o los cachorros que te saludan son más atrevidos y exigentes que los que se sientan y analizan la situación primero.

Los cachorros que se mantienen al margen pueden tener miedo o, más probablemente, solo quieren comprender la situación antes de involucrarse. No son los tipos alfa que son sus hermanos ansiosos. Estos son los cachorros más pacientes y dóciles, los que pueden ser más fáciles de adiestrar.

Elije el cachorro que exhiba los rasgos de personalidad que deseas en tu perro. Si deseas un perro atrevido, amistoso y excitable, el primero en saludarte puede ser el que buscas. Si deseas un perro que piense las cosas y deje que otros reciban más atención, el perro más tranquilo puede ser mejor para tu hogar.

Adopción de un perro adulto

Lo universal acerca de los cachorros es que requieren mucho trabajo. Si te saltas uno o dos días de adiestramiento, puedes sentir que estás volviendo al punto de partida. Los Corgis adultos pueden ofrecerte una manera de obtener tu Corgi sin tener que dedicar varios años al adiestramiento. Puedes encontrar Corgis adultos en refugios, rescates e incluso de criadores. Los criadores recuperarán a los cachorros si una persona no trata bien al perro o si ya no puedes cuidar del Corgi por algún motivo.

Beneficios

Los perros adultos te brindan una gratificación más inmediata. No tienes que pasar por esas noches sin dormir con el nuevo cachorro o la interminable frustración que viene con los primeros tipos de adiestramiento. Los Corgis adultos te permiten disfrutar de inmediato de tu perro mientras salen de aventuras. Todos los perros inteligentes y de alta energía requieren mucho tiempo y atención cuando son cachorros. Evitar eso es una parte importante del atractivo de los perros adultos.

Los Corgis adultos no solo tienen el adiestramiento básico ya realizado, muchos de ellos ya conocen algunos trucos, por lo que puedes comenzar a explorar el mundo de lo que saben y lo que aún tienen que aprender. Esta es una experiencia increíblemente divertida, graciosa y agradable, como conocer a un nuevo amigo. También puedes comenzar tu propio adiestramiento. Esta parte es casi igual de divertida porque los Corgis adultos tienen la capacidad de atención y la habilidad para aprender increíblemente rápido (si están de humor), y tú podrás reconocer cuándo están aprendiendo y cuándo no están interesados en la actividad.

Mejor aún, pueden ayudarte a comenzar a mejorar tú mismo. Si deseas hacer más ejercicio, un Corgi adulto te ayudará a comenzar de inmediato (en lugar de mantenerte en casa tratando de enseñarle lo básico). También tienes una amplia gama de posibles actividades, y tu Corgi estará más que feliz de acompañarte mientras exploras nuevos lugares o tienes una nueva mirada a los antiguos.

Los Corgis adultos son ideales para individuos y familias que no tienen el tiempo o la paciencia para trabajar con un cachorro.

Rescates

Los clubes de Corgi tienen sus propios rescates, además de sus propios criadores. No es tan probable que encuentres esta raza fuera del pequeño círculo porque los amantes de los Corgis son muy firmes sobre cómo se debe cuidar a los perros, y ellos cuidan de los suyos. Los Corgis que obtienes a través de las organizaciones y criadores tienen la mayor parte de la información necesaria que se requiere para vender cachorros, lo que significa que tendrás el historial médico y la información de vacunación del perro (aunque si el dueño anterior fue negligente o abusivo, es posible que el historial médico y la información no se hayan registrado mientras el perro estaba con ellos).

Es muy fácil contactar a la organización para ver sobre la adopción de un Corgi adulto. Te pedirán que solicites la adopción simplemente porque quieren asegurarse de que el perro obtenga un gran hogar, un lugar donde pueda vivir felizmente el resto de sus días. También intentarán emparejarte con un perro adulto que sea ideal para el entorno que ofrece y el estilo de vida que lleva.

Si estás interesado en un Pembroke Welsh Corgi adulto, puedes visitar el sitio del Club de Pembroke Welsh Corgi de España o la asociación de criadores en tu país para obtener más detalles. Si prefieres un Cardigan Welsh Corgi, consulta el Fideicomiso Nacional de Rescate de Cardigan Welsh Corgi o las organizaciones locales de rescate en tu región para obtener más información.

Advertencia sobre niños pequeños y otras mascotas

Los Corgis adultos ya tienen una personalidad establecida, y esa personalidad puede no llevarse bien con niños pequeños y otras mascotas. Si bien no tienden a ser perros agresivos, algunos Corgis pueden ser territoriales. Tampoco están inclinados a retroceder (no podían hacerlo cuando se enfrentaban al ganado), y esto puede no ir bien si ya tienes un perro territorial en casa, o un perro con personalidad alfa.

Foto cortesía de Janet Maddox

Los niños pequeños son un problema diferente porque es posible que los Corgis adultos no se hayan criado cerca de niños. Esto podría llevarlos a ser menos pacientes con los chillidos y el juego brusco de los niños más pequeños. También pueden estar inclinados a mordisquear los talones de los niños si esa característica no se les quitó a una edad temprana mediante el adiestramiento. No es que quieran lastimar a los niños, solo quieren pastorear y encerrar, un comportamiento que puede asustarlos.

Elegir entre el Pembroke y el Cardigan

Una de las mejores cosas de adoptar un Corgi adulto es que su personalidad ya está establecida. Eso significa que podrás averiguar si el perro adulto cumple con las personalidades comunes de los dos tipos.

- El Pembroke tiende a ser más amistoso y feliz, lo que facilita involucrarlos en las cosas que tú haces, sin importar dónde te encuentres. Puedes preguntar a los rescatistas si el adulto es más como un Pembroke típico para averiguar cuál de los perros adultos exhibe más de cerca el tipo de personalidad que deseas.

- Los Cardigans son más inteligentes, deliberados y protectores. Eso significa que puedes preguntar si el perro rescatado tiene las características que se requieren para un estilo de vida más sedentario (aunque no debe ser demasiado sedentario, solo te ahorra tener que mantener al perro entretenido en todo momento).

Será considerablemente más fácil encontrar el perro que coincida con la personalidad que deseas, ya que la personalidad del perro ya está establecida. También puedes preguntar si los problemas comunes a los dos tipos están presents en sus personalidades, para que sepas si debes planificar comenzar el adiestramiento o si debes seguir buscando un Corgi adulto diferente.

Preparándose para tu Cachorro

Existe mucha emoción que se acumula mientras esperas que tu cachorro Corgi llegue a casa. También hay mucho trabajo que necesitas hacer para asegurarte de que estás listo para asumir las responsabilidades de ser padre o madre de un cachorro. Con un cachorro pequeño, inteligente y lleno de energía, tendrás las manos ocupadas manteniéndolo fuera de problemas. La mejor manera de lograrlo es preparar tu hogar a prueba de cachorros comenzando un mes o más antes de que el cachorro llegue.

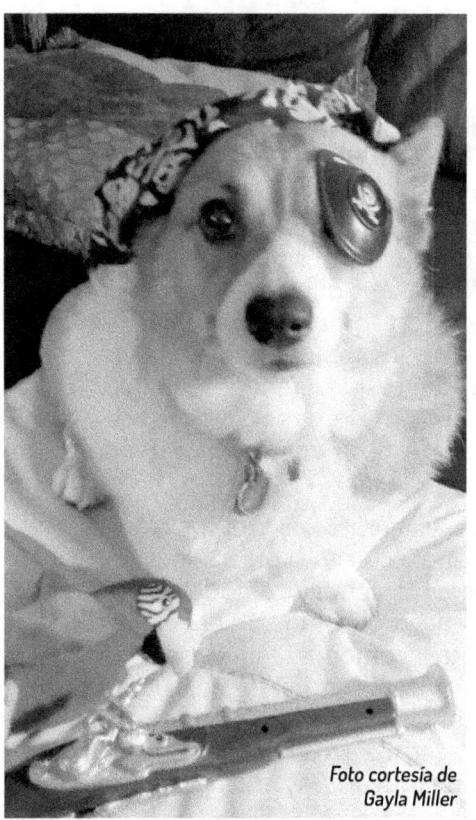

Foto cortesía de
Gayla Miller

Preparando a tus Hijos

La preparación inicial comienza tan pronto como decides obtener un cachorro Corgi. Tus hijos probablemente serán quienes pasen más tiempo con el cachorro, y eso significa que debes asegurarte de que sepan cómo comportarse alrededor del cachorro y cómo manejarlo adecuadamente. Una vez que el cachorro llegue, será demasiado tarde para intentar introducir un comportamiento apropiado.

Lo mejor es tener las reglas y responsabilidades asignadas antes de que el cachorro tenga la edad suficiente para llegar. Necesitaráa refrescar estos puntos varias veces, incluso el día en que llegue el cachorro.

A medida que los niños comiencen a jugar con el cachorro, tú podrás recordarles firmemente a tus hijos cómo comportarse si empiezan a ser demasiado bruscos o intensos con el cachorro.

Aquí están las cinco reglas de oro que tus hijos deben entender antes de que el cachorro llegue a casa:

1. Debes jugar suavemente. Su apariencia de bola de pelo es engañosa ya que oculta lo frágiles y pequeños que son realmente los cachorros Corgi. No hay momento en que jugar bruscamente con un cachorro joven sea aceptable.

2. Debes tener reglas firmes sobre lo que sucederá si tus hijos comienzan a ser demasiado bruscos. Un cachorro que mordisquea y muerde cuando un niño juega bruscamente, no es el culpable – es culpa del niño. Asegúrate de que tu hijo entienda esto para tener momentos de juego seguro y pacífico.

3. Perseguirse es un juego para exteriores. Cuando los niños salgan afuera con el cachorro y un adulto, perseguirse puede estar bien (si el cachorro está dispuesto). Nunca es aceptable dentro del hogar. Correr dentro de la casa crea una de dos impresiones peligrosas en un cachorro: o aprende que no está seguro incluso dentro, o aprende que correr en la casa está bien. Tú no quieres que tu Corgi adulto corra por la casa derribando personas porque esto se consideraba aceptable cuando el Corgi era pequeño.

4. Deja al cachorro solo a la hora de comer. Esto se refiere a cuando el cachorro está comiendo (aunque también puedes aplicarlo cuando tus hijos están comiendo, ya que no quieres que tu Corgi piense que su comida está disponible). No quieres que el cachorro se sienta inseguro al comer. Los cachorros Corgi probablemente no crearán demasiados problemas si los niños los molestan, pero realmente no quieres que tu perro sienta que necesita defender su comida. Eso es injusto para el perro. Y los Corgis mayores son protectores, lo que puede resultar en mordeduras si el Corgi aprendió a defender su comida a una edad temprana.

5. Deja al cachorro en el suelo. Asegúrate de explicar esto especialmente a los niños más pequeños. La gente quiere levantar y jugar con los cachorros, pero es increíblemente incómodo para el cachorro. Los niños querrán tratar al cachorro como a un bebé, y esto puede hacer que el cachorro se sienta incómodo y temeroso. Cuanto más pequeño sea el niño, más difícil será para él manejar a un cachorro inquieto. Cuando los niños descubren que el cachorro muerde muy fuerte, no es culpa del cachorro – los niños no deberían estar levantando al cachorro en primer lugar. Hay muchas actividades di-

vertidas que se pueden disfrutar en el suelo, así que los niños deben dejar al cachorro allí para jugar. Recuerda aplicar esta regla también a ti mismo para dar un buen ejemplo.

6. Mantén cualquier cosa que valores fuera del alcance de tus hijos. Realmente no hay edad en la que tus objetos de valor estén seguros cuando se trata de niños y cachorros. Incluso los adolescentes son propensos a agarrar cosas que deberían saber que no deben usar para jugar con un cachorro. La curiosidad lleva a los niños a no pensar si deben o no presentar algo al cachorro. Si no quieres que tus hijos y el cachorro destruyan algo, asegúrate de que nunca esté a mano para ser destruido.

Preparando a sus Perros Actuales

Una vez que tus hijos entiendan las reglas, debes comenzar a preparar a tus perros actuales para el cachorro que pronto llegará. Por supuesto, necesitarás un enfoque completamente diferente, ya que tu perro o perros no van a entender si tú te sientas e intentas establecer las reglas para ellos.

Foto cortesía de Kandace Wilkens

Así es como puedes comenzar a preparar a tus otros perros para la nueva llegada:

- Evalúa la personalidad de tu perro. Si tu perro nunca ha tenido problemas con otros perros, probablemente esté bien. Si tu perro ha mostrado alguna vez tendencias territoriales, deberás tener mucho cuidado. Si tu perro es excitable, deberás pensar en formas de ayudarlo a calmarse sin ser demasiado brusco con el cachorro.

- Piensa en momentos en los que has tenido otros perros en tu casa. Si tu perro fue territorial, esto podría ser una señal de que deberás tener especial cuidado al introducir al nuevo cachorro en tu hogar. Si nunca has tenido otro perro de visita, podrías considerar invitar a un amigo con uno o dos perros para evaluar la reacción de tu perro. La personalidad de un perro puede ser significativamente diferente cuando sale a pasear en comparación con estar en casa.

- Considera si has visto a tu perro exhibir comportamiento protector o posesivo. La comida es la causa más común de comportamiento posesivo, pero los perros también pueden ser posesivos o protectores con los juguetes y las personas.

Asegúrate de que el espacio para el cachorro sea un área donde tu perro no pueda ir. Tu nuevo Corgi no debe interactuar con otros perros sin supervisión. También deberás asegurarte de que ninguna de las cosas de tu perro (incluida la silla favorita u otros muebles) esté dentro del espacio del cachorro.

Planifica que tu perro conozca al cachorro por primera vez fuera del hogar. Designa un lugar que sea terreno neutral para el primer encuentro. Esto asegurará que tu perro no se sienta territorial al conocer al cachorro, dándoles la oportunidad de conocerse un poco.

Asegúrate de tener al menos otro adulto presente para la reunión inicial. Esto garantizará que no tengas que manejar un perro emocionado y un cachorro enérgico por sí mismo. El alfa del hogar o las dos personas que estarán a cargo del perro y el cachorro deben estar presentes para este primer encuentro, de modo que tanto tu nuevo cachorro como tu perro vean la jerarquía del grupo en tu hogar.

Es posible que debas tomar el período introductorio muy lentamente, dependiendo de la personalidad de tu perro. Puede tomarte una semana lograr que el perro y el cachorro se aclimaten el uno al otro. Recuerda que está cambiando completamente la dinámica del hogar, y es posible que a tu perro no le agrade demasiado esto. Si tu perro es mayor, esto podría ser increíblemente difícil, y hay buenas probabilidades de que el perro descargue esa frustración en el cachorro.

Asegúrate de que ambos estén seguros y felices antes de dejarlos interactuar regularmente.

Si tienes varios perros, todas estas reglas siguen aplicándose. Deberás considerar la personalidad de cada perro y monitorear cuidadosamente su comportamiento con el cachorro. Es posible que la introducción deba hacerse con un perro a la vez para no abrumar al cachorro. Presentar a cada perro uno a la vez ayudará a que se calmen un poco antes de reunir a todos los perros al mismo tiempo.

Alimentos Peligrosos

Hay muchos alimentos que las personas comen que son peligrosos o mortales para los perros. Algunos de estos alimentos son bien conocidos (incluso para aquellos que nunca han tenido un perro), mientras que otros resultan sorprendentes.

Sin embargo, tienes mucho trabajo por hacer con los Corgis, porque les encanta comer. La siguiente es una lista de alimentos que debes asegurarte de que tu Corgi nunca pueda alcanzar, ya que son potencialmente fatales si son consumidos por un perro.

- Semillas de manzana
- Chocolate
- Café
- Huesos cocidos (pueden matar cuando se astillan en la boca o el estómago del perro)
- Mazorca de maíz (es la mazorca lo que es mortal para los perros, el maíz desgranado está bien, pero debes asegurarte de que tu Corgi no pueda alcanzar ningún maíz que todavía esté en la mazorca)
- Uvas/pasas
- Nueces de macadamia
- Cebollas y cebollinos
- Melocotones, caquis y ciruelas
- Tabaco (tu Corgi no sabrá que no es un alimento y puede comerlo si se deja fuera)
- Xilitol (un sustituto del azúcar en dulces y productos horneados)
- Levadura

Además de estos alimentos potencialmente mortales, hay una larga lista de cosas que tu perro no debería comer por razones de salud. El Canine Journal tiene una extensa lista de alimentos que deben evitarse. Incluye cosas como el alcohol y otras cosas que las personas dan a los perros pensando que es divertido. Recuerda que los perros tienen un metabolismo muy diferente y el efecto que estos alimentos tienen en ellos es mucho más fuerte que el efecto en las personas.

Por el bien de la salud de tu Corgi, es mejor mantener todos estos alimentos fuera de su alcance, incluso si no son letales.

Peligros a Corregir

Tu hogar está lleno de cosas que son potencialmente peligrosas para tu Corgi. Preparar tu hogar va a ser una tarea relativamente que consume tiempo, pero en última instancia vale la pena, ya que te ayudará a mantener a tu cachorro seguro.

Debes comenzar a preparar tu hogar a prueba de cachorros al menos un mes antes de traer a tu nuevo Corgi a casa. Lo siguiente te ayudará a tener una idea de lo que necesitarás hacer, aunque puede haber más o menos para hacer dependiendo de tu hogar.

Cocina y Áreas para Comer

La cocina tiene muchas cosas peligrosas además de la comida. Fácilmente las cosas más peligrosas para la vida en la cocina son los venenos y los productos de limpieza. Así como los asegurarías de un niño pequeño, tienes que asegurarlos de tu cachorro Corgi. Ten en cuenta que son perros excepcionalmente inteligentes, y en algún momento es probable que descubran cómo entrar en tus armarios si no los preparas a prueba de cachorros.

También deberás estar atento a guardar los venenos. Dejarlos en las cubiertas no es seguro porque, sin importar lo pequeño que parezca tu Corgi, todavía existe la posibilidad de que ese pequeño cachorro suba a las cubiertas por medios que nunca consideraste. En ningún momento debes dejar venenos en un lugar no asegurado en tu cocina.

El bote de basura también se transforma de un recipiente de basura a un peligro potencial. Cualquier cosa que pongas en él puede ser desenterrada por un Corgi si no tomas las precauciones necesarias. Puedes guardar el bote de basura en una despensa o armario, o puedes obtener un bote de basura con cierre. Cualquiera que sea tu elección, asegúrate de que el bote de basura esté siempre cerrado donde tu Corgi no pueda explorarlo.

Deberás asegurarte de que no haya cables eléctricos alrededor de la cocina que el Corgi pueda tirar o tropezar. No querrás que tu licuadora sea tirada de la cubierta y se rompa en el suelo porque el cable estaba colgando. Lo mismo se aplica a los cordones de las persianas. Mantenlos bien alejados del suelo y fuera del alcance de tu Corgi.

Baño y Lavandería

Deberás hacer la misma preparación a prueba de cachorros en el baño que en la cocina. Los venenos siempre deben almacenarse donde el cachorro no pueda alcanzarlos, y los botes de basura cerrados para que no puedan ser explorados.

Mantén también la tapa del inodoro cerrada. Los cachorros Corgi pueden hacer cosas que tú no esperarías, así que asegúrate de que no puedan entrar en el inodoro. Nunca uses limpiadores automáticos de inodoro. En caso de que alguien deje la tapa del inodoro levantada, tu Corgi intentará beber de él. Asegúrate de que cuando eso suceda, tu perro no esté bebiendo venenos.

Tu área de lavandería también deberá estar a prueba de cachorros, pero generalmente es considerablemente más fácil. En su mayor parte, debes asegurarte de que no haya ropa sucia donde tu cachorro o perro pueda alcanzarla. Por lo general, no será peligroso, pero no querrás que tu perro arrastre ropa interior sucia por la casa. También habrá momentos en que cosas con sustancias potencialmente venenosas (como ropa con lejía o aceite) terminarán en el lavado. Debes acostumbrarte a mantener la ropa sucia fuera del alcance de tu Corgi. Si tienes un cuarto de lavandería, la solución es simplemente mantener la puerta cerrada en todo momento. Esto también te evitará la sorpresa de una visita de emergencia al veterinario después de que tu Corgi se coma un calcetín o una media.

Otras Habitaciones

Asegúrate de mantener los cables fuera del alcance, que no haya productos de limpieza alrededor de la casa y que cualquier objeto potencialmente peligroso esté guardado en un lugar seguro. Si tienes una chimenea, asegúrate de que todos los suministros y herramientas de limpieza estén en algún lugar donde tu Corgi no pueda acceder a ellos para jugar. También debes mantener cerrado el lugar donde está el fuego para que tu Corgi no pueda entrar.

Para las escaleras, usa una puerta para evitar que tu Corgi se caiga por ellas. Para las mesas, asegúrate de no dejar nada peligroso, como tijeras o suministros de costura, donde tu cachorro pueda trepar hasta ellos. Bolígrafos, lápices y otras herramientas deben mantenerse fuera del alcance, así como objetos de valor y cualquier cosa que no quieras que tu Corgi mastique.

Para los dueños de gatos, la caja de arena debe guardarse en algún lugar donde tu gato pueda ir pero tu Corgi no. Esto probablemente significa enseñar a tu gato a usar la caja de arena en un nuevo lugar, así que asegúrate de mover la caja mucho antes de la llegada del cachorro. Esto evitará que tengas un gato con dos razones para estar enojado contigo .

Garaje

Los garajes son un lugar de diversión y peligro para los Corgis. Con todos los productos químicos y artículos peligrosos, tu Corgi nunca debe quedarse solo en el garaje. Por supuesto, probablemente no puedas evitar que tu Corgi esté alguna vez en el garaje (al menos cuando lleves a tu cachorro a algún lugar, pasará por el garaje). Esto significa que deberás tomarte el tiempo para prepararlo a prueba de cachorros también.

Todas las herramientas, equipos y artículos relacionados con el mantenimiento del automóvil (o cualquier cosa con motor o ruedas) deben guardarse en algún lugar con cerradura. Esto incluye cosas como sopladores de hojas y herramientas para bicicletas. Es tan probable que tu cachorro intente masticar una llanta de bicicleta como lamer anticongelante o intentar revolcarse en fertilizante. Mantén todo esto en algún lugar donde el cachorro no pueda ir.

El equipo de pesca también debe organizarse y guardarse en un lugar donde tu cachorro no pueda alcanzarlo. Puede estar en un armario o en un estante alto. Si lo guardas en alto, asegúrate de que no haya forma de trepar hasta él. No dejes ninguna parte del equipo colgando del lado del mostrador.

Debes dar un paso atrás y examinar tu garaje desde la perspectiva de un niño pequeño, luego agacharte y mirarlo desde el ángulo de un Corgi. Cualquier cosa que parezca que podría atraer la atención y causar problemas debe moverse bien fuera del alcance.

Exteriores y Cercado

Nunca dejes a tu cachorro Corgi solo afuera. Pueden suceder demasiadas cosas cuando tu cachorro no está supervisado. Incluso si tienes una cerca, no puedes dejar al pequeño cachorro afuera sin que alguien lo vigile en todo momento.

No te tomará tanto tiempo preparar el exterior a prueba de cachorros como el interior, pero aún debes planificar que te tome una hora o dos, ya que vas a estar mirando las cosas de una manera completamente nueva.

Inspecciona la cerca para asegurarte de que no haya roturas, agujeros o problemas potenciales. Asegúrate de que no haya espacios debajo de la parte inferior para que tu Corgi haga un túnel. Si ves algún espacio, agujero o área rota, arréglalos antes de que llegue el cachorro. Tu Corgi intentará pasar por estos tan pronto como los note, y eso es peligroso en caso de que tu Corgi escape o quede atrapado.

Selecciona un área que desees que tu Corgi use como baño. Una vez que sepas dónde quieres que tu cachorro vaya, asegúrate de que no haya nada venenoso o peligroso en el área. Incluso un baño para pájaros es un peligro potencial, así que selecciona bien el área.

Selecciona un área diferente para jugar, para ayudar a tu Corgi a saber cuándo espera que se hagan las necesidades y cuándo es hora de jugar. Tu Corgi aprenderá rápido. Dale al área de juego la misma inspección que le diste al área que se utilizará para el baño.

Camina alrededor de tu patio y asegúrate de que todos los productos químicos y herramientas potencialmente peligrosas se muevan fuera del alcance. Si tienes un cobertizo, ciérralo con llave y asegúrate de que el Corgi no pueda entrar.

Asegúrate de que ninguna de las plantas en tu patio sea un peligro para tu perro. Hay buenas probabilidades de que tu cachorro las mas-

Foto cortesía de Michelal Eathorne

tique, así que asegúrate de que no haya potencial de peligro cuando suceda.

Asegúrate de que todas las áreas de agua, como piscinas y estanques pequeños, estén aseguradas. Tu anillo o pozo de fuego y parrilla deben estar seguros para que tu cachorro no pueda jugar en ellos.

Camina alrededor de tu patio y piensa en él desde la perspectiva de un niño pequeño. Esto te ayudará a identificar otros peligros potenciales que deben abordarse antes de que llegue el cachorro.

Suministros y Herramientas para Comprar y Preparar

Debes tener todo comprado y listo antes de que llegue tu cachorro. Incluso la lista más básica es bastante extensa, así que comienza a comprar con uno o dos meses de anticipación. Lo siguiente enumera lo básico:

- Jaula
- cAMA
- Correa
- Bolsas para desechos caninos, para paseos
- Collar
- Identificador
- Comida para cachorros
- Recipientes para agua y comida (compartir un recipiente de agua generalmente está bien, pero tu cachorro necesita su propio plato de comida si tienes varios perros)
- Cepillo de dientes
- Cepillo
- Juguetes

Si piensas en algo más que te gustaría obtener, agrégalo a la lista. Esto podría incluir cosas como tratamientos para pulgas para cuando tu cachorro alcance la edad en que necesita comenzar los tratamientos.

Las herramientas de entrenamiento y los premios deben estar en tu lista, así que piensa cómo planeas entrenar a tu perro, incluido el entrenamiento para hacer sus necesidades. Si planeas comenzar el entrenamiento en interiores, necesitarás el equipo adecuado. El entrenamiento (tanto para hacer sus necesidades como de comportamiento) comenzará esa primera semana cuando llegue tu cachorro, así que debes tener todo listo de antemano.

Además, si planeas entrenar a tu cachorro Corgi para hacer cursos de agilidad, entonces puede que quieras adquirir algunos de los elementos básicos. Será un poco temprano los primeros dos meses para comenzar el entrenamiento, pero antes de que te des cuenta, tu Corgi estará listo para algo nuevo y emocionante, y los cursos de agilidad pueden darle a tu cachorro la diversión y el ejercicio que lo mantendrán demasiado cansado para portarse mal.

Planificando el Presupuesto del Primer Año

Los cachorros pueden no ser tan caros como los niños, pero aún pueden costar una cantidad considerable de dinero. Esto significa que necesitas crear un presupuesto para tener fondos adecuados disponibles para todos los elementos esenciales, como visitas regulares al veterinario y vacunas, comida y suministros.

Es un hecho que vas a terminar gastando más de lo que planeas, así que trata de construir un colchón en tu presupuesto de suministros para Corgi.

El mejor momento para comenzar tu presupuesto para cachorros es el día en que decides obtener un cachorro. Con toda probabilidad, vas a necesitar pasar un buen tiempo investigando las cosas que necesitarás hacer durante ese primer año. Los veterinarios tienen diferentes precios entre ciudades y estados, por lo que deberás averiguar cuál tiene una gran reputación y cuánto costará cada visita ese primer año. Hay muchas cosas que los Corgis pueden hacer, así que si quieres involucrarte en una organización, o incluso solo en el entrenamiento básico de perros, necesitarás realizar una investigación.

Los cachorros pueden ser mucho más caros de lo que la mayoría de la gente se da cuenta. Es por eso que necesitas comenzar a presupuestar inmediatamente y asegurarte de haber hecho tu tarea mucho antes de la llegada de tu Corgi.

Mantenga las Cosas Fuera del Alcance

Esto es increíblemente importante de entender cuando traes un Corgi a tu hogar. No solo son inteligentes, son mucho más ágiles de lo que esperarías con ese cuerpo robusto. Esta es una raza que puede ganar concursos de agilidad, y claramente no es por su elegante constitución atlética. Esta raza es inteligente y sabe cómo usar su figura robusta para hacer cosas que tú no esperarías.

Una Breve Historia sobre su Inteligencia y Resolución de Problemas

Había una familia que tenía un Corgi y notó que la comida había estado desapareciendo de la mesa. No tenían idea de cómo estaba sucediendo esto, así que filmaron la cocina para ver qué estaba pasando.

Entra su Corgi.

El perro movió la silla de la cocina de debajo de la mesa, saltó a la silla y alcanzó fácilmente la comida. Una vez que el perro terminó de com-

Foto cortesia de
Cassie Thwaites

er, era hora de ocultar la evidencia. Una vez en el suelo, el Corgi empujó la silla de vuelta debajo de la mesa.

Los Corgis saben lo que quieren y siempre están buscando formas de conseguirlo. Si no quieres que tu Corgi coma tu comida o se meta en cosas peligrosas, la única manera de asegurarlo realmente es mantener tus cosas en un lugar donde el Corgi no las pueda alcanzar, o llegar moviendo algo. Por lo general, los cerrojos son la forma más fácil de hacerlo.

Claramente, fuera del alcance para un Corgi es completamente diferente que con casi cualquier otra raza. No todos los Corgis están tan enfocados y determinados, pero es mejor errar por el lado de la precaución y asegurarse de no dejar inadvertidamente un rompecabezas para que tu Corgi lo resuelva. Tu Corgi no está siendo un mal perro – está siendo la criatura increíblemente inteligente para la que ha sido criado. Además, a tu Corgi no le gusta estar solo y no le gusta aburrirse. Asegurarte de que estas dos cosas no sucedan a menudo (y ciertamente no sucedan al mismo tiempo) ayudará mucho. Sin embargo, la mejor solución es siempre mantener las cosas en un lugar seguro si no quieres que tu Corgi las obtenga.

Resumen

Con un Corgi, es un juego constante de pensar más que tu perro. Tu cachorro será increíblemente divertido, pero habrá mucho aprendizaje en esos primeros meses. Para asegurarte de no estar distraído, ten todo configurado mucho antes de la llegada de tu cachorro.

No olvides preparar también a tus otras mascotas. Será un momento muy estresante para ellas, y tú quieres hacerles saber que todavía te preocupas por ellas; solo está agregando a la familia. También necesitarás planificar pasar tiempo a solas con tus mascotas actuales después de que el cachorro llegue a casa. Si incorporas eso en el horario ahora, tus mascotas estarán menos ansiosas más tarde cuando sea obvio que el horario no es completamente diferente.

CAPÍTULO 6

La Primera Semana

Foto cortesía de
Cindy Duwe

Una vez que llevas a tu cachorro de Corgi a casa, prácticamente todo cambia. Es una experiencia que nunca olvidarás. Comenzar con un cachorro significa comenzar con todo el potencial que tu cachorro tiene – es un compromiso para asegurarte de que tu Corgi sea criado y adiestrado de una manera que hará que tu perro sea feliz y saludable.

Esos primeros siete días establecen mucho sobre el tipo de entorno en el que vivirá el cachorro, los primeros pasos para convertir ese potencial en tu perro perfecto. Ahora que has completado toda la preparación a prueba de cachorros, puedes comenzar con lo divertido – el cuidado, el adiestramiento y la alegría de tener un Corgi.

Preparación y Planificación

El momento de comenzar es en realidad antes de que llegue tu cachorro – la planificación y preparación. Necesitas asegurarte de tener todo preparado para tu Corgi para que no estés tratando de resolver todo sobre la marcha (ya tendrás suficiente de eso de todas formas).

Comienza con una verificación final para asegurarte de que has preparado adecuadamente tu hogar a prueba de cachorros. Los cachorros de Corgi son pequeños, por lo que es posible que debas agacharte al nivel del suelo para ver tu hogar desde su perspectiva. Esto debe hacerse durante la semana anterior a la llegada de tu cachorro.

Ten una lista de todo lo que tu cachorro necesitará desde el principio. Esa lista debe incluir (pero no se limitará a) lo siguiente:

- Food
- Cama
- Jaula
- Juguetes
- Recipientes para agua y comida
- Correa
- Collar
- Premios

Si planeas confinar a tu cachorro en un área particular de tu vivienda, también necesitarás puertas y elementos para asegurarte de que tu Corgi no pueda salir del espacio designado. Debes tener todo lo de esta lista antes de que el cachorro llegue a tu hogar porque no vas a tener tiempo para ir a comprarlos después (especialmente no el primer día que tenga a tu cachorro).

Siéntate con tu familia y asegúrate de que todos entiendan las reglas, especialmente los niños. Ellos necesitan ser instruidos en el manejo adecuado del cachorro, y tú deberás ser tan estricto con tus hijos como lo eres con tu cachorro cuando se trata del cuidado del nuevo miembro de la familia. Asegúrate de saber quién está a cargo del cuidado básico del cachorro (alimentación y paseos). El adiestramiento debe ser tarea de todos, pero probablemente habrá un adiestrador principal también. Puedes establecer responsabilidades compartidas si tu hijo o hijos quieren ayudar – un niño y un adulto que se aseguren de que el cachorro reciba la comida y el agua necesarias todos los días, por ejemplo.

Finalmente, planifica tener una rutina para tu cachorro de Corgi. Es casi seguro que el plan cambiará, pero necesitas tener un punto de partida para poder incorporar el adiestramiento y el cuidado regular en el día a día. Puedes ajustar el horario según sea necesario, pero ten un programa con el que puedas trabajar antes de que llegue el cachorro. Una vez en tu hogar, el cachorro va a ser más que suficiente para ocupar tu tiempo, de modo que no podrás pensar en mucho más.

En esa última semana antes de que tu cachorro llegue a casa, asegúrate de tener todo planificado y listo. Nunca será completamente suficiente, pero es mucho mejor que intentar improvisar con un cachorro inteligente que podría aprovechar tu falta de planificación para su propia ventaja canina.

El Viaje a Casa

El adiestramiento comienza desde el momento en que el cachorro de Corgi entra en tu automóvil. Todo lo que el cachorro necesita saber ocurre durante ese primer viaje.

Sí, estarás tentado a acariciar, jugar y hacer excepciones a las reglas, pero ese es exactamente el tipo de comportamiento que va a socavar tu adiestramiento. Tu cachorro está aprendiendo sobre ti desde esa primera impresión, y tú quieres que esa impresión sea que eres quien está a cargo. Esa adorable carita está respaldada por mucha inteligencia, y va a utilizar lo que aprenda durante el primer viaje en automóvil para entender la naturaleza de su relación.

Todos los perros de trabajo inteligentes requieren una mano firme y constante desde el principio – los Corgis no son una excepción. El primer viaje ayuda al cachorro a entender la estructura y organización de la manada.

Si es posible, deberías contar con dos adultos para el viaje. Averigua si el cachorro ha estado alguna vez en un vehículo antes, y si no, asegúrate de tener a alguien más presente para ese primer viaje. Una persona conducirá y la otra reconfortará al cachorro. Aunque los Corgis no tienden a ser miedosos, los automóviles no son un fenómeno natural y ese primer viaje puede dar miedo. Comienza a enseñarle a tu cachorro lo agradables que pueden ser los viajes en automóvil.

Si planeas usar una jaula para el viaje a casa, asegúrate de que el cachorro estará seguro. No querrás que la jaula se mueva o se desplace con el Corgi dentro. Ser sacudido y sentirse impotente al respecto no es una gran primera impresión de los viajes en automóvil.

Sustos de la Primera Noche

Las primeras noches lejos de Mamá pueden ser intimidantes, si no francamente aterradoras. Sin embargo, hay un límite en lo que debes hacer para ayudar a tranquilizar a tu cachorro, porque en algún momento el cachorro aprende que ciertos comportamientos negativos obtienen resultados. Es un acto de equilibrio que será difícil de lograr correctamente, pero que finalmente valdrá la pena. Tu trabajo es enseñarle a tu cachorro que la noche no es tan aterradora y que tu hogar es seguro.

Si quieres mantener a tu Corgi fuera de las camas, debes comenzar ahora. Eso significa que no puedes llevar al cachorro a la cama por la noche. Una vez que permitas que tu Corgi suba a la cama, no hay forma de convencer a ese canino de que realmente quieres decir "no se permiten perros en la cama".

Habrá ruidos y sonidos desconocidos, y tu cachorro de Corgi escuchará todos y cada uno de ellos. A cambio, élprobablemente también hará muchos ruidos. Estos ruidos te hacen saber que el cachorro está incómodo, asustado o simplemente solo. Esto es de esperar, considerando la compañía constante que el cachorro tenía en su hogar anterior con Mamá y sus hermanos.

No puedes considerar estos ruidos como molestos para ti, aunque lo serán (especialmente cuando intentes dormir). No alejes al cachorro

Foto cortesía de
Caitlin Cassity

de ti para poder dormir mejor o estar menos irritado. Eso solo asustará más a tu cachorro, causando ansiedad y reforzando el miedo de estar en tu hogar. No importa cuánto te molesten los ruidos, debes mantener al cachorro en la habitación contigo durante esas primeras noches aterradoras. Con el tiempo, el cachorro se sentirá tranquilo y calmado simplemente por tenerte a ti en la habitación.

¿Es probable que duerma bien? Absolutamente no. Es muy parecido a traer a casa a un bebé humano; este bebé es simplemente más peludo y más pequeño. Es parte del trato cuando decides tener un cachorro de Corgi en lugar de un perro adulto.

Ya deberías tener un área designada para dormir para tu Corgi, ya sea una jaula, un corral o una cama. El área definitivamente debe estar separada del resto de la habitación con límites de los que el cachorro no pueda escapar (al menos no por un tiempo). Cuando tu Corgi comience a hacer ruido, debes aprender a ignorar los ruidos. Esto será extremadamente difícil y extremadamente necesario. Si cedes ante los gemidos, lloriqueos y llanto ahora, el perro esperará que eso funcione en el futuro (y se volverá más ruidoso cada vez que intentes ignorarlo más adelante).

Finalmente, necesitas un plan para las pausas para ir al baño. Puede ser un área pequeña dentro del espacio del cachorro, o podría ser un viaje al exterior cada pocas horas (dependiendo de cómo quieras enseñarle a tu Corgi a hacer sus necesidades). Cualquiera que sea tu camino elegido para el entrenamiento de control de esfínteres, deberás levantarte para ayudar a tu cachorro varias veces durante la noche.

Primera Visita al Veterinario

Debes llevar a tu nuevo cachorro al veterinario dentro de uno o dos días después de su llegada a tu hogar. Esto te ayudará a asegurarte de que tu cachorro esté saludable y creará una relación entre tu Corgi y el veterinario. Esa evaluación inicial de tu Corgi te ayudará a aprender más sobre tu mascota y te dará la oportunidad de pedirle consejo al veterinario sobre cualquier cosa de la que no estés seguro. Este viaje es la línea base con la que tu veterinario medirá el crecimiento y desarrollo de tu cachorro.

El viaje ciertamente provocará emociones en tu Corgi, ya sea emoción o ansiedad. Es muy probable que tu Corgi quiera explorar todo en la consulta, especialmente a los otros animales. Después de todo, esta es probablemente la primera oportunidad de socialización de tu Corgi con otros animales fuera de su hogar. Asegúrate de preguntar antes de que tu cachorro se acerque a cualquiera de los otros animales en la consulta del veterinario – no querrás que el primer encuentro con otro perro o gato sea horrible. Deseas que el otro animal esté tranquilo o interesado (aunque no demasiado emocionado) en conocer al cachorro. El dueño podrá decirte si está bien, o advertirte que no es una buena idea. Recuerda, los animales mayores pueden estar enfermos y no sentirse bien. Presentarles un cachorro podría ser una idea arriesgada.

Además, asegúrate de darle a tu cachorro retroalimentación positiva por el buen comportamiento en la consulta. Ser reconfortante y afectuoso le enseñará a tu cachorro que la consulta del veterinario no es un lugar malo (algo que probablemente aprenderán después de visitas repetidas de "tortura"). Crear un ambiente positivo ayudará a tu cachorro a aprender a estar tranquilo incluso cuando visite al veterinario.

El Inicio del Adiestramiento

El adiestramiento comienza en el momento en que el cachorro entra en tu automóvil, y continuará a lo largo de esa primera semana. Construirás sobre este adiestramiento durante las próximas semanas y meses.

Este es el momento de comenzar a minimizar los comportamientos que no deseas.

Foto cortesía de Sunny Hanford

Mordisqueo

Los Corgis son notorios mordisqueadores. Como perros pequeños, confiaban en su mordida para hacer entender su punto con el ganado que ignoraba su ladrido. Hay una buena probabilidad de que tu cachorro comience a mordisquear durante esa primera semana. Estate preparado para comenzar a corregir a tu cachorro la primera vez que suceda.

Ladridos

Si deseas que tu mascota sea excepcionalmente silenciosa (para un Corgi), debe comenzar durante esa primera semana cuando tu cachorro ladre. Probablemente significará algunos premios adicionales, pero así es cómo le enseñarás a tu Corgi qué es estar callado. Tu cachorro también hará ruido cuando intente llamar tu atención, por lo que también estarás entrenándose a ti mismo para reaccionar de cierta manera ante el ruido. Hacer eso ahora será mucho más fácil que volver a entrenarse más tarde.

La Correa

El adiestramiento con correa probablemente será bastante fácil ya que tu Corgi estará emocionado por salir. Este adiestramiento es en realidad tanto para ti como para el cachorro. No querrás acostumbrarte a arrastrar al cachorro lejos de las cosas que está olfateando. Deberás comenzar a encontrar formas de mantener a tu cachorro caminando sin ser demasiado contundente.

Enseñando Respeto

Con cualquier perro inteligente, el respeto es esencial para el adiestramiento. Tú quieres enseñarle a tu cachorro a respetarte sin temerle. La consistencia es la mejor manera de hacerlo. No hagas excepciones durante la primera semana porque estarás luchando para corregir esa lección durante el resto de la vida de tu Corgi.

Aclimatación a una Amplia Gama de Sonidos

El oído excepcional de tu Corgi será obvio desde el principio. Observe cómo esas orejas se levantan y esa cara comienza a buscar la fuente del sonido. Tú querrás estar con tu cachorro tanto como sea posible, exponiendo a tu perro a tantos sonidos como puedas. Esto ayudará a tu perro a saber qué sonidos son seguros, reduciendo la ansiedad del cachorro mientras le ayudas a aprender cuándo está bien ladrar.

Aseo (Perros que mudan; Acostúmbrate al Aseo Constante)

Ese hermoso pelaje resistente a la suciedad tiene un precio muy alto – la muda nunca se detiene.

Debes acostumbrarte a cepillar a tu cachorro. Con frecuencia. Al menos semanalmente, pero incluso más si quieres combatir la muda que está a punto de ocurrir en tu hogar. Esto ayudará a reducir la cantidad de pelo que se esparcirá por toda su casa, además de enseñarle a tu cachorro cómo comportarse durante el aseo. Puedes rotar la responsabilidad entre diferentes personas, asegurándote de que los niños sean supervisados cuando cepillen al cachorro. Debe ser una tarea agradable y rápida que tome solo un par de minutos (siempre y cuando asee con frecuencia).

No es obligatorio, sin embargo. Si no te importa tener pequeñas bolas de pelo de Corgi viajando por tu hogar como plantas rodadoras, todo lo que tienes que hacer es limitarte a asear a tu Corgi una vez al mes o una vez al trimestre – solo estate preparado para mucho más trabajo doméstico.

Foto cortesía de Cassie Thwaites

CAPÍTULO 7

El Primer Mes

Al final de la primera semana, probablemente estés cansado pero ya tengas una idea de cómo es la personalidad de tu cachorro. Con una noción de lo que funciona (y lo que probablemente no), puedes dedicar el próximo mes a trabajar realmente en el adiestramiento. A pesar de ser un adorable pequeño paquete de diversión, tu Corgi te hará saber que tienes mucho trabajo por delante (como pudiste comprobar durante esa primera semana).

Como ocurre con la mayoría de las tareas desafiantes, cuando tú adiestras con éxito a un cachorro de Corgi, la recompensa es enorme. La práctica y el adiestramiento diarios comenzarán a dar resultados relativamente rápido, lo que te ayudará a mantenerte motivado. La mirada ansiosa en el rostro de tu cachorro puede ser un motivador aún mejor. Y recuerda, cuando tu Corgi está cansado, no le queda energía para portarse mal.

Ten esto en cuenta durante ese primer mes.

Foto cortesía de
Jessica Burleski

Aún No a Plena Capacidad

Una vez que tu Corgi sea adulto, podrás llevarlo casi a cualquier lugar para jugar, hacer senderismo y explorar. Sin embargo, en este momento, está mayormente confinado a casa. Por supuesto, podrás salir para enseñar a tu cachorro a caminar con correa, pero las excursiones generalmente serán cerca de casa durante ese primer mes. También necesitarás dividir los paseos y el ejercicio para que se distribuyan a lo largo del día (no puedes llevar a tu cachorro a dos paseos largos – el pequeño simplemente no tiene energía para eso).

En el lado positivo, habrá muchas siestas intercaladas durante el día. Eso significa que después de salir a caminar, puedes planear hacer algo de trabajo mientras tu cachorro descansa. Sin embargo, aún necesitas mantener a tu canino restringido al área del cachorro. Si tienes una cama en la habitación donde estarás trabajando, podría estar bien, siempre y cuando planees dejar lo que estás haciendo tan pronto como el cachorro despierte.

Al final del mes, probablemente notarás que tu Corgi es capaz de ir bastante más lejos de lo que podía al principio. Necesitarás ajustar su rutina para satisfacer las necesidades de tu Corgi. Podría significar menos paseos que duren casi el doble de tiempo.

Estableciendo las Reglas y Manteniéndolas

Foto cortesía de Caitlin Cassidy

A los Corgis les gusta hacer las cosas a su manera, y dado su comportamiento y físico increíblemente adorables, están bastante acostumbrados a conseguirlo. Es increíblemente fácil sentir que tu nuevo cachorro no está listo para la mano firme que tú sabes que necesitará más adelante.

No es cierto – la necesitan más ahora que después.

Si descuidas mantener a tu cachorro bajo control, te resultará prácticamente imposible obtener el control más tarde. Después de todo, ya le has enseñado a tu cachorro que tú no eres quien tiene el control, y una vez que esa idea está en la cabeza de tu Corgi, realmente no hay nada que puedas hacer para cambiar la mentalidad del perro.

Estarás tentado a dejarlo pasar.

Tu cachorro intentará convencerte de que necesita más atención, menos reglas y más comida, pero tú debes hacerle saber a tu Corgi que tu manera es la manera de la casa.

Si puedes superar ese primer mes sin ceder a la sensación de que solo una vez no hará daño, tendrás un tiempo mucho más fácil con tu Corgi. Tu joven Corgi aprenderá a respetarte desde el primer mes, y eso marca toda la diferencia en el mundo. Puedes comenzar a hacer excepciones mucho, mucho, mucho más tarde (cuando tu perro tenga alrededor de cinco o seis años). No hay ningún momento mientras tu Corgi sea un cachorro en el que debas hacer excepciones en el adiestramiento y las reglas.

Socialización Temprana

Los Corgis son muy individualistas, y si no están socializados, pueden ser pequeños terrores. La socialización temprana es fundamental para garantizar que tu Corgi se comporte bien alrededor de otros perros y personas. La socialización debe ser una actividad en la que te centres durante el primer mes después de la llegada de tu Corgi.

Foto cortesía de Tricia Pablo

Foto cortesía de
Jae Ojala

Si tienes familiares y amigos con perros bien socializados, organiza citas de juego con ellos. Puedes invitar al perro a tu casa, o puedes llevar al cachorro a la casa del perro (a menos que el perro sea territorial, entonces es mejor reunirse en tu casa o en terreno neutral). La socialización incluso podría incorporarse a tus paseos si conoces a personas cercanas que estén dispuestas a pasear a sus perros contigo y el cachorro.

También necesitas socializar a tu Corgi con personas. Esto probablemente será más fácil, ya que solo necesitas personas cercanas que quieran jugar con un cachorro (sí, es bastante fácil encontrar eso). Esto puede incluir a niños pequeños, pero deberás tener mucho cuidado. Debido a la audición sensible de un Corgi, querrás que los niños estén lo suficientemente tranquilos como para no gritar y hacer ruidos fuertes alrededor del cachorro. También deben tener la edad suficiente para entender que deben ser delicados con el cachorro. Si un niño es brusco con un cachorro de Corgi, es mucho más probable que el Corgi mordisquee y muerda.

Procura hacer de la socialización una actividad que realizas varias veces a la semana o, si puedes gestionarlo, conviértela en una actividad diaria. Cuanto más socialices a tu Corgi, más actividades podrás disfrutar por la ciudad, el país o el extranjero. Dado que son de tamaño portátil, querrás tener un Corgi que esté feliz de ver a personas y otros perros, no uno que sea cauteloso y mordedor.

Debes evitar los parques para perros en esta etapa. Durante ese primer mes, hay mucho que tu cachorro debe aprender, e ir a un parque para perros expondrá a tu Corgi a muchas cosas sobre las cuales no tienes control. En este punto, quieres que las reuniones y la socialización del cachorro sean en un entorno controlado.

Sé también amable con tus mascotas mayores en esta etapa. Van a necesitar un descanso de la bola de pelo de alta energía que no entiende límites ni fronteras. Asegúrate de que tu mascota mayor tenga suficiente tiempo lejos del cachorro durante el día. Si tu mascota mayor está particularmente irritable, puede ser mejor tratar de mantener a los dos separados la mayor parte del tiempo (si no todo).

Foto cortesía de Cindy Duwe

Premios y Recompensas vs. Castigos

Cuando las personas piensan en el adiestramiento de perros, los premios son una de las primeras cosas que vienen a la mente, seguidos rápidamente por los castigos para los cachorros en las primeras etapas. Hay problemas con ambos cursos de acción, y no puedes confiar en una sola forma de adiestrar a tu cachorro. Es un acto de equilibrio asegurarse de que tu cachorro aprenda cuándo algo es un buen comportamiento y cuándo es un comportamiento inaceptable.

Cuando se trata de Corgis, sin embargo, el refuerzo positivo es mucho mejor – especialmente el refuerzo positivo que viene en forma de más atención, actividad y juguetes.

Solo tienes que mirar a un Corgi para ver lo peligroso que es para el cachorro ganar peso. No querrás depender de premios para adiestrar a tu nuevo miembro de la familia (así como no enseñas a los niños con un flujo constante de dulces y golosinas). Los premios deben darse con moderación, y otras formas de refuerzo positivo deben darse libre y frecuentemente. Después de todo, no quieres que tu Corgi aprenda a escucharte solo cuando hay comida de por medio.

Enseñar a tu cachorro que tú eres el alfa y que debes ser respetado es la mejor manera de hacer que otros refuerzos positivos sean más efectivos. Los Corgis quieren que el alfa esté contento con ellos. Si te respetan, la mayor parte del adiestramiento será increíblemente fácil.

Los castigos ocasionales pueden ser necesarios, especialmente para los mordiscos. Ten en cuenta que la jaula nunca debe usarse como una forma de castigar a tu perro. Está destinada a ser un espacio seguro que es el refugio de tu perro, no una prisión. En su lugar, coloca al cachorro en un tiempo fuera donde pueda verle, pero no pueda interactuar contigo. Luego debes ignorar al cachorro sin importar cuánto ladre, llorique o gimotee para llamar tu atención. Si se te ve como el líder de la manada, esto será más doloroso que cualquier otra forma de castigo. Es casi imposible exagerar cuánto quieren los Corgis estar con sus personas. Negarles el acceso mientras aún pueden verte es un claro recordatorio de por qué necesitan comportarse de cierta manera.

Ejercicio – Fomentando Mantenerse Activo

Es posible que tu cachorro aún no esté listo para esos largos paseos, pero eso no significa que quiera quedarse sentado en casa. Esta es la oportunidad perfecta para que comiences a ser más consciente de lo sedentario que es.

No te preocupes, querrás ejercitar a tu cachorro, aunque solo sea para poder tener unos minutos de paz después de que se haya hecho el ejercicio. Tómate el tiempo para jugar con tu cachorro, ya sea dentro o fuera, para que puedas estar seguro de que cuando tu cachorro sea adulto estará acostumbrado a moverse y hacer ejercicio. Esto es absolutamente crítico para los Corgis, ya que pueden comenzar a ganar peso más adelante en la vida si no hacen suficiente ejercicio.

Sé creativo en los tipos de actividades que realizas (teniendo en cuenta que tu cachorro sigue siendo un cachorro). Habrá cosas que tu nuevo miembro de la familia no entenderá, como buscar. Aún puedes comenzar a adiestrar, solo no seas demasiado insistente. Ese cachorro es inteligente, y cuando esté listo, aprenderá a traerte el juguete en lugar de huir con él.

Otras personas y perros pueden ser grandes ayudantes cuando se trata del adiestramiento de cachorros, especialmente los perros adultos. Las cosas son mucho más fáciles de entender para el cachorro cuando un perro adulto lo hace primero.

Asegúrate de que la correa sea de buen ajuste. Es probable que tu Corgi no pueda romperla (a menos que sea una correa vieja y deshilachada), pero pueden ser increíblemente rápidos cuando se trata de salirse de collares y correas y escaparse. Puedes consultar esto con el veterinario para asegurarte de que el collar esté adecuadamente ajustado sin ahogar a tu Corgi.

Actividades Basadas en la Raza

Mantener activo a tu Corgi es relativamente fácil, pero los dos tipos tienden a hacerlo mejor con actividades que son más de su respectivo agrado. Teniendo en cuenta que cada Corgi es diferente, lo siguiente puede ayudarte a descubrir qué tipos de actividades es probable que disfrute tu Corgi durante el primer mes. De esa manera, puedes planificarlo y obtener el equipo adecuado para comenzar el adiestramiento.

Ten en cuenta el hecho de que esto no es cierto para todos ellos – hay Pembrokes que prefieren quedarse en casa y Cardigans que no quieren nada más que estar fuera haciendo cosas. En última instancia, necesitas adaptar las actividades a los intereses y habilidades de tu Corgi. Durante el primer mes, puedes ayudar a dar forma a esa personalidad, pero estarás trabajando con la base que ya está allí.

Pembroke

A los Pembrokes les encanta tener un propósito, incluso cuando son jóvenes. Puedes comenzar a adiestrarlos para participar en eventos de rendimiento, incluso durante el primer mes. Recuerda que siguen siendo cachorros, así que no debes establecer tus expectativas demasiado altas – se trata de divertirte y cansar a tu cachorro. El Corgi Pembroke es increíblemente ágil, y puedes comenzar a tener una buena idea de lo que puedes hacer durante ese primer mes viviendo contigo.

Esto también sirve para darte una idea de cuánto debes prestar atención a tu perro en los próximos meses y años. Una vez que tengas una idea de cuán alto puede saltar y otras hazañas sorprendentes, comenzarás a ver tu hogar bajo una luz completamente nueva. Esto es bueno porque probablemente necesitarás comenzar a hacer ajustes para evitar que el perro en crecimiento acceda a cosas a las que no debería acceder.

Los Pembrokes también son excelentes perros de terapia. Si bien un cachorro no podrá hacer mucho, puedes comenzar a llevar al cachorro a lugares para socializar donde también será de alguna ayuda. Asegúrate de no sobrecargar a tu Corgi, ya que demasiada atención y estimulación pueden ser abrumadoras.

Cardigan

Los Cardigans tienden a estar más contentos en casa. Centrarse en el adiestramiento y actividades divertidas que le ayuden a crear vínculos puede ser todo lo que tu Corgi Cardigan necesita. El escondite es un juego fantástico que puedes jugar con tu cachorro ya sea en la casa o en el jardín. Estar contigo y obtener tu atención probablemente haga que tu Cardigan sea más feliz que salir y conocer gente nueva.

Buscar también puede ser una actividad gratificante para los Cardigans, ya que obtienen toda tu atención y sienten que logran hacerte feliz.

CAPÍTULO 8

Entrenamiento de control de esfínteres

Sin duda una de las lecciones más tediosas y difíciles que tendrás que enseñar a tu cachorro, el entrenamiento de control de esfínteres es, no obstante, una de las lecciones más importantes que él aprenderá. Con un Corgi, al menos sabes que debería ser una tarea relativamente fácil, ya que tu perro es ciertamente lo suficientemente inteligente para entender rápidamente.

Para comenzar, necesitas implementar dos reglas.

1. El cachorro no debe deambular libremente cuando no hay nadie para supervisarlo. Tu Corgi no querrá estar en una jaula sucia, por lo que hay muy poco riesgo de un accidente cuando tu cachorro está en su jaula o en un recinto pequeño una vez que comienza el entrenamiento de control de esfínteres.

2. Tu cachorro debe tener acceso constante y fácil al lugar donde planeas realizar el entrenamiento. Alternativamente, debe estar prepa-

Foto cortesia de Michele Eathorne

rado para realizar frecuentes salidas al exterior mientras tu cachorro está aprendiendo.

Una vez que comprenda y esté listo para hacer cumplir estas reglas, tienes algunas decisiones que tomar.

Comprendiendo a tu perro

Foto cortesía de Jennifer Durward

Los Corgis son increíblemente individualistas, y eso significa que debes entender a tu cachorro para entrenarlo adecuadamente. El hecho de que un Corgi no haga sus necesidades afuera no significa que tu perro no entienda – probablemente significa que tu Corgi ha encontrado una alternativa más conveniente. Si tú no eres consistente y firme, el entrenamiento de control de esfínteres puede ser increíblemente frustrante.

Si a tu Corgi le gusta la libertad, una puerta para perros probablemente sea tu mejor opción. Si tu Corgi prefiere salir contigo, el entrenamiento en el exterior con correa es probablemente el camino a seguir. Si decides entrenarlo en casa con paños absorbentes para cachorros, ten en cuenta que debes estar preparado para pasar rápidamente al entrenamiento en el exterior. No querrás que tu perro piense que es una opción hacer sus necesidades dentro de casa en lugar de salir. Tratar de corregir ese malentendido será un dolor de cabeza constante.

Otra cosa interesante sobre los Corgis es que les gusta tener su espacio limpio, por lo que una vez que comienzan a entender el control de esfínteres, te harán saber cuándo necesitan salir. Tu trabajo es aprender las señales para que tu Corgi pueda llegar al exterior a tiempo. Esto puede entrar en conflicto con el horario que has elegido, pero está bien ya que el horario está destinado a ayudar al Corgi a entender dónde se supone que debe hacer sus necesidades. Una vez que sea obvio que el Corgi entiende el dónde, puedes comenzar a hacerle saber cuándo.

Dentro o fuera

Aunque querrás que tu Corgi haga sus necesidades en el exterior lo más rápido posible, puede ser necesario comenzar con el entrenamiento en interiores (por ejemplo, si tu cachorro llega a casa en invierno y hace demasiado frío para salir con frecuencia). Si comienzas en el interior, debes asegurarte de que el cachorro aprenda rápidamente que el único lugar donde es aceptable es en el espacio que tú designes.

Si comienzas entrenándolo en el exterior, estate preparado para sacar a tu cachorro muchas veces, incluso por la noche durante lo que de otro modo serían horas regulares de sueño. Será un proceso que consume tiempo, pero afortunadamente esto solo será por un corto período ya que tu Corgi aprenderá bastante rápido. Si tienes un área seleccionada donde quieres que tu Corgi vaya, será fácil enseñar esto desde el principio. Así no tendrás que pasar mucho tiempo limpiando tu jardín cada semana (al menos no de los desechos de tu Corgi). Si quieres hacer esto, debes asegurarte de entrenarlo desde el principio, de lo contrario, es poco probable que tu Corgi te escuche cuando intentes reducir el espacio que tiene para hacer sus necesidades.

Usar una correa puede ayudarte a mantener a tu cachorro concentrado, además de facilitarte mostrarle a tu perro dónde ir.

Establezca quién manda – Amable pero firme

Foto cortesía de Tammie Songer

Debes asegurarte de ser firme y consistente durante el entrenamiento de control de esfínteres. Habrá momentos en los que querrás decir "Es suficiente", pero no puedes. Una vez que lo hagas, tu Corgi aplicará esa lógica cada vez.

Debes hacerle saber a tu Corgi que tú eres quien establece las reglas. Eso significa que debes hacerlas cumplir en todo momento.

Aquí es donde son necesarios los descansos regulares para ir al baño. Cuando tu cachorro pueda anticipar el descanso, le será más fácil seguir tus reglas.

Refuerzo positivo – Se trata de respeto

Tú quieres que tu cachorro Corgi aprenda a respetarte. Una vez que tu cachorro aprenda que tú eres el jefe y respete tus reglas, el refuerzo positivo será la mejor recompensa que tu Corgi podría pedir, incluso mejor que las golosinas (al menos la mayoría de las veces).

Tu Corgi querrá hacer las cosas a su manera. Si tu cachorro no aprende a respetarte, entonces hay muy pocas razones para que te tome en serio cuando intentes entrenarlo.

Una relación positiva construirá la confianza y el respeto necesarios para preparar a tu Corgi para el control de esfínteres y más allá. Tu Corgi solo quiere tener límites claros cuando se trata de saber quién dirige la manada. Sabiendo eso, lo siguiente importante es saber dónde cae él o ella en la jerarquía de la manada, que incluye a otros miembros de la familia y mascotas. Contigo establecido como el alfa, las reglas que tu Corgi seguirá serán las tuyas.

Esto facilita que tú y otros miembros de la familia entrenen a tu cachorro porque aprenderá a escucharte a ti y a los demás.

No se recomienda castigar a un Corgi por accidentes. Es poco probable que tu Corgi relacione el accidente con el castigo, por lo que la lección que estás tratando de enseñar no será lo que tu cachorro extraiga de la experiencia.

Los Corgis buscan complacer a las personas – quieren disfrutar del tiempo contigo. El refuerzo positivo en forma de atención es fácilmente uno de los mejores motivadores durante el entrenamiento de control de esfínteres.

Horario regular, puerta para perros o periódico

La última pregunta que debes hacerte es cómo planeas entrenar a tu cachorro Corgi. Gran parte de la respuesta dependerá de si comenzarás el entrenamiento en el interior o si harás un entrenamiento exclusivamente en el exterior.

Los Corgis tienden a hacer sus necesidades después de algunos eventos específicos:

- Después de despertar (por la mañana o después de una siesta)
- Después de estar en una jaula durante algunas horas
- Cuando está con la correa

*Foto cortesía de
Janet Maddox*

Presta atención a cuándo es más probable que tu Corgi necesite hacer sus necesidades. Esto puede ayudarte a enseñar rápidamente a tu cachorro a usar el exterior.

Los cachorros tienen vejigas más pequeñas y menos control sobre ellas. Si necesitas comenzar el entrenamiento en el interior, asegúrate de llevar a tu cachorro al espacio designado lo más rápido posible después de los eventos que probablemente desencadenen una pausa para ir al baño. Necesitarás hacer la transición lo más rápido posible.

También puedes enseñar a tu cachorro a hacer sus necesidades cuando salgas a caminar. Esto podría hacerse incluso en el patio trasero con entrenamiento con correa.

Todo depende de ti – A los Corgis les gusta la limpieza

Los Corgis son una raza limpia y no les gusta que su hogar esté sucio. Tu trabajo es enseñarle al Corgi que todo el interior es el hogar, y que el único lugar aceptable para hacer sus necesidades es afuera. Si tu Corgi no entiende esto, la gran mayoría de las veces la culpa es del adiestrador, no del Corgi. Es una señal de que el adiestrador no fue lo suficientemente consistente, firme o positivo en el enfoque de entrenamiento. Los Corgis son tercos, pero entienden cuando esa terquedad no tiene lugar en el hogar. Si se sienten cómodos siendo tercos acerca de hacer sus necesidades dentro de casa, entonces necesitas examinar dónde te equivocaste en el entrenamiento. Luego tendrás que solucionar el problema para asegurarte de que tu Corgi finalmente aprenda que solo el exterior es un lugar aceptable para hacer sus necesidades.

CAPÍTULO 9

Socialización y Experiencia

Los perros de trabajo inteligentes necesitan ser socializados desde temprana edad porque muchos de ellos tienden a ser territoriales, y esto incluye a los Corgis. Tu Corgi puede ser muy divertido cuando se trata de jugar, pero si no está adecuadamente socializado, puede convertirse en un pequeño terror o potencialmente ser aterrorizado por las cosas más inocuas.

Tú debes planificar la socialización de tu Corgi desde el día en que tu cachorro llega a casa. Sin socialización, ninguna cantidad de adiestramiento ayudará a que tu Corgi interactúe con otros animales y humanos. También es importante mantenerse firme incluso cuando estás socializando a tu Corgi porque las reglas siguen aplicándose.

Foto cortesía de
MaryAnn Carney

Beneficios de la Socialización

Para los Corgis, la socialización es muy importante. Pueden ser perros fantásticos, pero necesitan un poco de orientación cuando se trata de relacionarse con otras criaturas (incluso humanos). También pueden volverse muy asustadizos si se les deja solos en casa la mayor parte del tiempo. Salir y hacer cosas les ayuda a aprender que el mundo es un lugar seguro, por lo que no necesitan estar ansiosos.

Sensibilidad del Corgi

Los Corgis pueden escuchar cosas que la mayoría de otros animales no pueden. Esto puede hacerlos propensos a la ansiedad cuando no comprenden la fuente de un sonido. Por el bien de tu cachorro, deberías familiarizarlo con muchos sonidos para ayudarle a ver qué está creando los diferentes ruidos que escucha cuando está dentro de casa.

También es muy divertido observar a los Corgis interactuar con otros perros. Cuando están adecuadamente socializados, pueden ser la estrella de cualquier parque canino o reunión porque mostrarán el mismo amor y atención a todos.

Problemas Derivados de la Falta de Socialización

Uno de los principales problemas potenciales con los Corgis es que tienen un oído extraordinario. Algunos Corgis aprenderán a aterrorizarse con cada pequeño sonido que escuchan porque no han estado expuestos a suficiente diversidad para saber lo contrario. Al salir con frecuencia y enseñarle cómo interactuar con el mundo, tú le estás mostrando a tu Corgi que el mundo es un lugar divertido, no un lugar que deba temer. Aunque puede que no funcione para reducir los ladridos, ciertamente ayudará a aliviar parte del estrés y la ansiedad cuando los ruidos que escucha le resulten familiares.

Un Corgi ansioso puede ser muy miedoso o muy agresivo, ninguna de las dos situaciones es saludable. También puede estar más inclinado a dar mordiscos o morder.

Tus Desafíos con un Perro Agresivo y Protector

Es fácil pensar que un Corgi no puede hacer mucho daño debido a su tamaño, pero eso no es cierto, especialmente con los niños. Si un Corgi no está socializado, eso podría hacer que el perro sea mucho más agresivo, lo que podría crear una relación muy poco saludable entre tu perro y el resto del mundo. Tú no querrás tener que mantener a tu perro encerrado debido a un comportamiento agresivo fuera del hogar.

Los Corgis quieren protegerte, lo que puede estar bien si estás en casa y alguien está irrumpiendo. Sin embargo, cuando estás fuera de casa o recibiendo visitas, este tipo de comportamiento es completamente inaceptable. Establecer la línea entre ambos es mucho más difícil si no socializas a tu Corgi. Tu can debería poder disfrutar de la compañía de otros en lugar de estar encerrado por temor a que muerda o ataque a los visitantes.

Por Qué la Genética Importa

La genética es significativa porque algunos Corgis están más inclinados al comportamiento agresivo o temeroso. Conocer el temperamento de los padres te ayudará a determinar si un cachorro probablemente tendrá la personalidad adecuada para tu hogar. Si los padres son asustadizos o distantes, tu cachorro estará mucho más inclinado a mostrar los mismos rasgos de personalidad.

Un Perro de Carácter Fuerte, Pero Leal

Los Corgis son sin duda perros de carácter fuerte, pero también son extremadamente leales. Odian quedarse solos sin ti durante largos períodos de tiempo y quieren asegurarse de que tú estés a salvo.

Los Corgis no son conocidos por ser particularmente agresivos, pero hay algunos que pueden serlo. Y la mayoría de los Corgis son propensos a dar mordiscos, un hábito que tú deberás corregir en tu perro lo antes posible. Todo esto requiere tiempo adecuado alrededor de otros perros y personas.

La mejor manera de aprovechar el amor, el afecto y la protección de tu perro es asegurarte de que sepa cuándo el comportamiento agresivo o terco es aceptable. Al establecer una distinción clara, puedes ayudar a tu Corgi a disfrutar del mundo sin estar constantemente receloso de todo.

Una gran parte de esto es asegurarte de que tu Corgi sepa que tú eres el alfa del hogar. Un enfoque firme y consistente en el adiestramiento será de gran ayuda, al igual que la socialización frecuente.

Problemas Comunes

Ladrar es fácilmente uno de los problemas más comunes que las personas reportan sobre los Corgis. Parece que constantemente te están informando que hubo un sonido que tú no percibibiste, lo que puede ser particularmente desafiante cuando tienes invitados o cuando simplemente sales a caminar. La socialización puede ayudar a reducir la cantidad de ladridos que soportas al hacer que tu Corgi sea más consciente de las fuentes de los sonidos.

Los mordiscos también son un problema comúnmente reportado porque era lo que hacían durante siglos para llevar al ganado a donde necesitaban estar.

Sus tendencias destructivas pueden volverse rápidamente molestas cuando descubres que no puedes dejar a tu Corgi solo en casa sin perder algo. Los Corgis odian estar solos, por lo que podrían un compañero, en cuyo caso la socialización es esencial para garantizar que tus mascotas no peleen en tu hogar. Tener otra mascota puede ayudar a aliviar parte del aburrimiento y la inquietud.

Finalmente, se ha dicho que los Corgis son mandones. Esto no significa que intenten dominar o ser el alfa, simplemente significa que están acostumbrados a forzar a animales tercos a hacer lo que se requiere. El ganado puede ser increíblemente difícil, por lo que los Corgis aprendieron hace siglos que ser mandones funcionaba para hacer que el ganado fuera a donde debía. Por eso necesitas un enfoque firme y consistente para adiestrar a tu Corgi – el Corgi tiene que saber que tú estás a cargo. Tu perro también necesita sentir que tú eres capaz de estar a cargo, y eso significa actuar siempre como el líder.

Foto cortesía de Tammie Songer

Saludar Adecuadamente a Nuevas Personas

Los Corgis tienen un oído sensible, pero eso no tiende a hacerlos particularmente suspicaces (solo cautelosos). Para asegurarte de que tu Corgi entienda cómo interactuar con otros, debes socializar al cachorro. Puede ser muy divertido, por lo que no es algo que la mayoría de las personas evite. (¿A quién no le gusta conocer y jugar con un adorable perrito?) La parte difícil es encontrar el tiempo para hacerlo con la suficiente frecuencia para reforzar los comportamientos positivos y enseñarle al cachorro que el mundo es un lugar divertido.

Saludar a nuevas personas suele ser una tarea bastante fácil fuera del hogar, pero puede ser un poco complicado cuando estás en casa. El ladrido constante puede asustar a algunos visitantes, y tu Corgi lo percibirá. Pensar que tiene la ventaja puede hacer que el Corgi crea incorrectamente que el visitante está en una posición inferior en la manada. Enseñar a tu Corgi cómo tratar a los visitantes puede llevar tiempo, pero al final, vale la pena el esfuerzo cuando tu Corgi se convierte en un compañero agradable para ti y cualquiera que te visite.

Comportamiento con Otros Perros

Los Corgis son perros increíblemente sociables. No necesitan ser alfa, pero pueden creer que saben lo que es mejor para todos. Si tú tienes un perro mayor, la mayoría de los Corgis podrán resolver pacíficamente quién es alfa y quién no sin demasiados problemas. Dado que los Corgis odian estar solos, probablemente sea mejor tener otro perro si tú estás ausente del hogar durante horas todos los días.

CAPÍTULO 10

Ser Padre de un Cachorro

Los cachorros son muy divertidos. Aportan una perspectiva completamente nueva del mundo que las personas simplemente no ven sin la guía de un cachorro. Al mismo tiempo, pueden ser difíciles y destructivos de una manera que resulta tanto adorable como frustrante.

Cuando se trata de Corgis, esta relación se complica por el hecho de que son obstinados, inteligentes e individualistas, a la vez que increíblemente cariñosos y sociables. Si perciben cualquier vacilación, son lo suficientemente astutos para saber cómo explotarla. Como cualquier otro perro de trabajo inteligente, aprenderán que pueden manipularte y las mejores formas de hacerlo.

Cuando están adecuadamente adiestrados, los Corgis son compañeros increíbles. Solo requiere mucho trabajo durante esos primeros días para asegurar que aprendan los hábitos correctos.

Foto cortesía de
Gayla Miller

Mantenerse Consistentemente Firme

Cuando se trata de adiestrar a un Corgi, debes ser firme y consistente. A lo largo de su vida, tu Corgi intentará salirse con la suya en comportamientos inadecuados, no por rebeldía, sino simplemente para ver si puede. Es una de las principales razones por las que realmente no puedes hacer excepciones a las reglas, ni siquiera mientras todavía es un cachorro.

Si te acostumbras a hacer excepciones porque el cachorro es adorable, no tendrás éxito en el adiestramiento de tu Corgi. Esas lindas caritas parecidas a las de un zorro esconden una mente increíblemente aguda que notará y recordará cualquier acción que les haya permitido salirse con la suya. Recuerda, son inteligentes y tercos. Debes ser inflexible con tu cachorro si deseas tener un perro bien educado.

Tu perro no tiene malas intenciones y ciertamente no está tratando de ser rebelde. A los Corgis simplemente les gusta hacer las cosas a su manera, y generalmente son lo suficientemente astutos para conseguirlo. Sin embargo, podría significar que tu perro no te respeta. Por eso es tan importante ser consistente y firme. Tu perro debe saber que tú eres el alfa de la manada en todo momento.

El Mordisqueo del Cachorro y Qué Vigilar

Foto cortesía de
Tammie Songer

Los cachorros mordisquean. Al principio, están en la etapa de dentición y se sienten bien al hundir sus dientes en algo. Más tarde, lo hacen como parte de su aprendizaje y socialización. Los Corgis son una de las razas con las que debes tener especial cuidado porque tienen tendencia a ser destructivos cuando se aburren. Mordisquear objetos forma parte de un hábito.

Durante los primeros meses después de que tu cachorro llegue a casa, debes mantenerlo asegurado en un lugar donde haya pocas cosas para masticar. También debes asegurarte de que no haya forma de que tu cachorro escape. Eso significa asegurarse de que no haya muebles u objetos móviles que puedan ser desplazados o golpeados para luego saltar sobre ellos. Comienzan a resolver problemas notablemente temprano, y aunque no son propensos a derribar puertas y barreras, no son reacios a encontrar formas de evitarlas.

Cuando tu cachorro no esté en el espacio cerrado, debes vigilarlo en todo momento. Al igual que cuando cuidas a un bebé o un niño pequeño, una vez que te das la vuelta para mirar hacia otro lado, ese cachorro va a meterse en cosas en las que no debería. Si no tienes tiempo para vigilar a tu Corgi, mantenlo en un lugar donde no haya mucho que masticar (además de las cosas que no te importa que el cachorro mastique).

Puedes mantener juguetes y objetos para masticar alrededor de tu cachorro en todo momento, particularmente en el área designada para el Corgi. Esto ayuda al cachorro a aprender qué es apropiado masticar. Una vez que sea hora de salir y jugar, tu Corgi aprenderá qué no debe masticar, por eso debes mantener tu atención en el cachorro. Con el tiempo, su perro aprenderá qué es aceptable usar como juguete para masticar.

El Mordisqueo del Cachorro y Qué Enseñar

Además de mordisquear, los Corgis dan pequeños mordiscos, particularmente alrededor de niños pequeños. Enseñarles a no hacer esto va en contra de los instintos que se han seleccionado en ellos durante siglos, pero no es imposible. Es esencial que vigiles a tu cachorro. A la primera señal de que el perro está dando mordiscos, debes intervenir y hacerle saber al Corgi que eso no es aceptable. Por lo general, habrá ladridos antes de que comiencen los mordiscos. Si notas que tu cachorro se está sobreexcitando, trata de calmarlo antes de que comience a morder.

El cachorro necesita aprender que jugar es aceptable, así que no desalientes el juego, solo el mordisqueo. Mientras el cachorro esté tranquilo durante el juego, puede disfrutar jugando.

También necesitarás exponer a tu cachorro a otras personas para asegurarte de que el Corgi entienda que la interacción debe ser consistente, sin importar quién esté cerca. Si tienes niños, deberás asegurarte de que entiendan que solo pueden jugar con el cachorro cuando haya un adulto presente. Los niños mayores deben entender cómo manejar los mordiscos.

Ladridos, Ladridos y Más Ladridos

Es casi una garantía que tu Corgi va a ladrar. Si bien es posible adiestrarlos para que sean más silenciosos, las tasas de éxito varían.

Si tu cachorro te ladra cuando está haciendo algo, simplemente ignóralo. El ladrido es una intención que tienen de obligarte a prestarles atención e incluirlos en tus actividades. Si no estás haciendo algo que pueda incluir al cachorro, este necesita aprender que ladrar no será efectivo. Si tu Corgi deja de ladrar, dale unos momentos para asegurarte de que el ladrido no comience de nuevo, y luego puedes incluirlo si es posible. Tu Corgi es inteligente y entenderá rápidamente que ser incluido significa estar ahí, y no ladrar.

Hay algunos otros trucos, pero ese es uno de los consejos de adiestramiento más básicos que puedes comenzar tan pronto como llegues a casa con tu cachorro. Esta es la mejor manera de comenzar a adiestrar a tu perro para que no ladre todo el tiempo.

Comportamiento Destructivo

El comportamiento destructivo es una preocupación para todos los padres de cachorros, pero esto es particularmente cierto para aquellos que tienen perros de trabajo inteligentes, ya que estos perros tienen mucha energía y se aburren muy fácilmente. Ser destructivos es su forma de hacerte saber que necesitan ser entretenidos o involucrados en una tarea.

En el Interior

Los Corgis pueden destruir cosas que tú nunca esperarías que pudieran porque son excelentes solucionadores de problemas. Si piensas que los juguetes y los útiles de la escuela en la mesa están seguros simplemente porque están por encima de la cabeza del cachorro, descubrirás que el cachorro puede encontrar una manera de llegar a ellos de todos modos.

Cuando se trata de Corgis, debes hacer dos cosas.

- Adiestrarlos para que no sean destructivos.
- Asegurarte de que no puedan alcanzar nada que no quieras que destruyan/coman.

Los juguetes pueden ayudar, pero generalmente no por mucho tiempo porque tu cachorro se aburrirá de un nuevo regalo tan rápido como lo haría un niño pequeño. Ningún juguete va a ocupar la atención de un Corgi por más de unos minutos, y luego el cachorro se irá en busca de algo más interesante que hacer.

Para mantener a tu cachorro y tus pertenencias seguros, debes mantener al Corgi encerrado cuando no puedas concentrarte en las actividades del cachorro.

En el Exterior

Salir al exterior no es menos probable que frene las tendencias destructivas de tu cachorro, solo le tomará un poco más de tiempo aburrirse ya que hay tantos olores. Tan pronto como tu cachorro se sienta cómodo y aburrido, comenzará a masticar y destruir.

Al igual que las precauciones que debes tomar en el interior, debes asegurarte de que no haya forma de que el cachorro encuentre una manera de trepar por tu cerca. Dado su tamaño, también debes asegurarte de que la cerca llegue hasta el suelo y no haya espacios por donde un Corgi pueda deslizarse hacia el exterior. No podrás dejar a tu cachorro solo afuera, y solo podrás estar marginalmente distraído mientras el cachorro explora. Dado que un Corgi tiene una estatura tan pequeña, una vez que tu cachorro se meta en algo, te será muy difícil encontrarlo.

Planea interactuar con tu Corgi durante los primeros meses mientras estés afuera. Esto facilitará mantener al cachorro seguro y evitar que tus cosas (incluidas las plantas) sean demolidas.

Manejando el Comportamiento

Dada su alta inteligencia y energía, la mejor prevención para el comportamiento destructivo es estar siempre atento al cachorro y asegurarse de que haga suficiente ejercicio para minimizar las tendencias. Los Corgis son muy divertidos para estar con ellos, por lo que realmente no es una tarea difícil jugar y pasear con tu Corgi lo suficiente para cansarlo.

Si tú eres un compañero constante y una personalidad alfa, eso asegura que tu cachorro aprenda a escucharte y respetarte.

Foto cortesía de Liza Gagne

Durante las primeras etapas de la vida del cachorro, necesitas pasar mucho tiempo manteniéndolo activo para que esté demasiado cansado para portarse mal. También debes comenzar el adiestramiento lo antes posible para que, cuando la resistencia del Corgi mejore, el adiestramiento sea suficiente para mantenerlo bajo control.

¡Hora de Jugar!

El tiempo de juego es maravilloso tanto para ti como para tu cachorro. Los Corgis solo quieren estar con su manada pasándolo bien, y tú le estás dando todo lo que necesita para mantenerse alejado de los problemas. (Sin mencionar que son tan increíblemente lindos como cachorros que difícilmente es una tarea jugar con ellos hasta que estén demasiado cansados para hacer mucho).

Haz tiempo en tu agenda para jugar regularmente. No importa lo ocupado que estés, esto es algo que necesitas hacer varias veces al día para adiestrar adecuadamente a tu Corgi. No les gusta estar solos, y este es el período de tiempo en el que realmente comienzan a entender las reglas y los límites. Puedes adiestrar a tu perro durante toda su vida, pero lo que le enseñes ahora tendrá un gran efecto en lo bien que podrás adiestrarlo a medida que madura y después. Recuerda, esta es la base para todo el adiestramiento posterior.

Comienza a enseñarle trucos al cachorro lo antes posible también. Esto no solo mantiene la mente de tu Corgi trabajando, sino que puede

*Foto cortesia de
Caitlin Cassity*

CAPÍTULO 11

Convivencia con Otros Perros

Ambos tipos de Corgis Galeses suelen llevarse muy bien con tus otros perros, especialmente si comienzas con un cachorro. Como un perro que detesta estar solo, tu Corgi será mucho más feliz teniendo otro perro en casa mientras tú estás ausente.

Puede que les tome un par de días determinar quién es el jefe entre los perros, pero en la mayoría de los casos no tendrás que preocuparte demasiado por esto. Los Corgis son lo suficientemente astutos para salirse con la suya incluso si el otro perro o perros creen que están al mando.

Cómo Presentar a Tu Nuevo Cachorro

Foto cortesía de Janet Maddox

Las presentaciones deben comenzar en un lugar neutral porque tu perro puede sentirse territorial. Un terreno neutral hará que tu perro se sienta más cómodo con el nuevo cachorro, ya que no sentirá que está invadiendo su espacio. No importa de qué raza sea el cachorro—esto siempre es cierto cuando se introduce un nuevo perro en tu hogar.

A medida que tu cachorro y perro (o perros) comiencen a sentirse cómodos el uno con el otro, pueden empezar a regresar a casa. Cuando todos entren juntos al hogar, ya existirá cierta familiaridad entre tu cachorro y el resto de tu manada.

Esta sensación de familiaridad no es un vínculo instantáneo. Debes mantener al cachorro y a tus otros perros separados cuando tú no estés presente. El cachorro debe tener un espacio personal donde solo él pueda descansar. Esto formaba parte de los preparativos iniciales, así que para cuando tu cachorro llegue al hogar, esta área ya debería estar establecida.

No debe haber nada en el área del cachorro que pertenezca a tus otros perros. Esto puede crear tensiones innecesarias y problemas que probablemente no se resolverán pacíficamente. Tu Corgi querrá masticar todo, y el concepto de posesión realmente no significa nada para él todavía. Sin embargo, tu perro actual lo verá como un desafío a su lugar, y podría actuar en consecuencia. Esto también es cierto cuando tu cachorro está fuera de su área designada. Debes asegurarte de que no haya nada que pertenezca a tu otro perro al alcance del cachorro. Todo lo que tienes que hacer es guardar los juguetes del otro perro cuando sea el momento de que el cachorro juegue.

La hora de alimentación para diferentes mascotas debe realizarse en diferentes ubicaciones de tu hogar. La comida es una de las mayores causas de celos, y tú no quieres que exista ese tipo de tensión innecesaria entre tu cachorro y tus mascotas actuales. Puede ser posible acercar los platos más adelante para hacer que la hora de comer sea más conveniente, pero al principio debes mantenerlos separados.

Los perros se ponen celosos cuando ven a sus dueños dando atención a otros perros, incluso a los cachorros. Estate preparado para esto cuando traigas al cachorro a casa. Deberás asegurarte de que tu perro continúe teniendo tiempo a solas contigo para que no sienta que el cachorro lo está reemplazando. Asegúrate de tener reglas y horarios ya establecidos para poder darle a tu perro suficiente atención diariamente. Deberás ser firme y consistente tanto con tu cachorro como con tu perro.

Uno de los mayores beneficios de ya tener un perro es que probablemente comenzará automáticamente a regañar a tu cachorro. Tu perro no va a sentir el mismo arrebato de adoración que tú sientes al mirar al cachorro, lo que convierte a tu perro en un gran mentor y maestro para el cachorro Corgi. Si bien no puedes confiar en que el perro sea el entrenador principal de tu Corgi, ayudará al cachorro a entender dónde está en la manada y que ciertos comportamientos no son aceptables. Puedes dejar que tu perro haga algunas reprimendas, pero asegúrate de que el cachorro no esté siendo lastimado. Pensar en tu perro como una niñera puede ayudarte a establecer el equilibrio adecuado en cómo interactúan el perro y el cachorro.

Si tu perro no asume este papel, también está bien. No quieras tratar de forzar un rol a tu perro con el nuevo cachorro. Los caninos lo resolverán si les das tiempo y los supervisas hasta que su relación esté establecida.

Mentalidad de Perro de Trabajo

Foto cortesía de Betsy Ellsworth

Existe una mentalidad distintiva que todos los perros de trabajo tienen, incluso el encantador y pequeño Corgi. Están acostumbrados a ser los que están a cargo cuando están cerca de otros animales, y esto puede afectar cómo se sienten acerca de tus otras mascotas. Ese rasgo va a manifestarse en tu cachorro en algún momento, y los mordiscos y ladridos serán notables. El cachorro no está tratando de portarse mal—su genética le dice que este es un comportamiento aceptable (y necesario).

Como humano, tu papel es asegurarte de saber qué perro se establece como el canino dominante. Necesitas saberlo porque tendrás que dirigirte a los miembros peludos de tu familia según el orden que ellos establezcan.

A medida que tu cachorro Corgi crece y comienza a desafiar a tu perro, debes estar atento a la dinámica potencialmente cambiante. Es posible que tu canino más joven termine siendo el perro dominante en el hogar (esto es totalmente probable si tu otro perro es un spaniel u otra raza tranquila).

Una vez que sepas quién es el alfa, deberás saludarlo primero, ponerle la correa primero y alimentarlo primero. Esto puede ayudar a reducir las peleas y la sensación de que tu perro mayor está siendo socavado si es el perro dominante.

También puedes usar este método para enseñarle a tu cachorro Corgi que el perro mayor es el alfa. Al reconocer siempre primero al perro, le estás haciendo saber al cachorro que el perro mayor está más arriba en la manada. A medida que el cachorro envejece, esto puede cambiar, pero también puede quedar grabado en la mente del cachorro. Algunos Corgis aceptarán esto fácilmente, y podrás evitar todo el proceso de establecer un perro alfa.

Mordeduras, Peleas y Control de la Ira del Cachorro

Foto cortesia de Jessi Hall

Los cachorros son difíciles de manejar por muchas razones, pero este puede ser uno de los problemas más desafiantes al tratar con un perro joven. Los Corgis son conocidos por tener un temperamento bastante equilibrado, pero debes estar atento a la agresión cuando el cachorro es joven. Habrá momentos en que el cachorro no esté contento, y el resultado puede ser que muerda y arremeta contra tu otro perro. Esto es extremadamente probable cuando tu cachorro Corgi alcanza el tamaño adulto.

Ser firme y consistente es la única manera de lidiar con este problema.

Un Corgi sin entrenar puede ser realmente un perro bastante monstruoso porque no se le ha enseñado que no puede obligar a otros a hacer las cosas de cierta manera.

Debes pasar mucho tiempo con el cachorro para poder entender cuándo está jugando y cuándo está molesto. Cuando detectes un comportamiento agresivo (no solo juego), debes intervenir inmediatamente y enseñarle a tu Corgi que ese comportamiento es inaceptable.

Comenzar el entrenamiento en una etapa muy temprana puede ayudarte a ver cuándo tu cachorro está jugando y cuándo el comportamiento va un poco más allá del juego.

Criar Varios Cachorros a la Vez

Criar un cachorro es casi un trabajo a tiempo completo, pero hay quienes asumen criar dos a la vez. Si deseas criar dos cachorros Corgi al mismo tiempo, definitivamente te enfrentarás a un desafío. Estos perros no son tontos, y cuando unen sus cabezas, te resultará difícil superarlos en astucia. Tendrás que trabajar realmente para lograr que se comporten como tú quieres una vez que alcancen la madurez.

Una de las primeras cosas que notarás es que tu vida personal desaparece. Vas a estar atendiendo a tus cachorros durante la mayor parte del día. Esto es absolutamente esencial si no quieres tener el doble de destrucción en tu hogar.

Primero, tienes que pasar tiempo con ambos juntos, y también tendrás que darles tiempo a solas a cada uno. No son el mismo perro, así que no puedes tratarlos de esa manera. Cada cachorro tendrá diferentes fortalezas y debilidades. Pasar tiempo con ellos juntos es fácil, pero también debes dedicarles tiempo individualmente. Será un desafío, especialmente cuando uno lloriquea mientras juegas con el otro. Una de las mejores formas de lidiar con esto es que alguien más juegue con el otro cachorro, y luego intercambien. Esto mantiene a ambos cachorros felizmente ocupados para que no se pongan celosos.

Así como es probable que tu cachorro pelee con un perro mayor, los cachorros Corgi casi con certeza comenzarán a pelear entre ellos cuando tengan entre tres y seis meses de edad. Están estableciendo quién es el perro dominante, y eso está bien. Solo debe asegurarte de que entiendan que tú eres el alfa de la manada para que no comiencen a cuestionar tu autoridad sobre ellos.

Así como necesitas minimizar las distracciones de los cachorros (y ellos serán tus peores distracciones), tienes que minimizar las tuyas propias. Si estás preparando su comida, debes mantenerte concentrado en eso hasta que los cachorros estén comiendo. Si te estás preparando para un paseo, tan pronto como les pongas las correas, sal por la puerta. Los cachorros están observando y aprendiendo, así que muéstrales cómo mantenerse enfocados y seguir adelante. Si no lo haces, no tendrás a nadie más que culpar cuando comiencen a ponerse alborotados e inmanejables. Después de todo, los entusiasmaste con la comida o el paseo, solo para dejarlos esperando. Los perros no entienden el concepto de paciencia, pero con toda esa emoción ahora contenida y lista para estallar, tú serás quien sufra por no seguir adelante con la actividad.

Recuerda, su mal comportamiento es realmente un reflejo de cómo los has entrenado. Si constantemente les exiges que se concentren durante el entrenamiento, pero tú no te concentras en las tareas con ellos, ambos cachorros lo notarán. Sé consistente y enfocado para evitar muchos problemas innecesarios con tus cachorros.

Si no puedes decidir si quieres un Corgi Galés Pembroke o un Cardigan, puedes obtener uno de cada uno. Es muy probable que descubras que los perros terminan siendo bastante similares, destacando cómo el entrenamiento, el ambiente y la atención juegan un papel importante en cómo crece el cachorro. O puedes encontrar que tus dos perros tienen personalidades muy diferentes y distintas. Ciertamente es un experimento interesante que puede darte algo que observar durante años. Y te dará una mejor comprensión de la raza.

Foto cortesía de
Cherie Doyle

Adiestramiento de su Cachorro Welsh Corgi

Los Corgis pueden entender mucho más que el perro promedio, y siempre están buscando formas de usar esa inteligencia a su favor. Su energía es alta para un perro tan compacto, aunque no inmanejable. Pero ese cerebro suyo puede meterlos en problemas si tú no les proporcionas maneras de evitar que se aburran.

Foto cortesía de
Cherie Doyle

Cuando se trata de cachorros inteligentes y enérgicos, hay cosas que obligatoriamente debes hacer, y otras que deberías hacer. De cualquier manera, el adiestramiento es un compromiso a largo plazo con un Corgi porque una vez que estableces las reglas, realmente no hay forma de desviarse. Cualquier excepción a una regla probablemente será utilizada en tu contra más adelante. Los Corgis no son rebeldes, simplemente son increíblemente inteligentes y no les gusta que les digan que no. Sin embargo, con el adiestramiento adecuado, respetarán tu "no" en lugar de decepcionar al alfa.

Firmeza Y Consistencia

A menos que adoptes un enfoque firme y consistente con tu Corgi, no tendrás éxito en el adiestramiento. Las excepciones y la indulgencia son vistas como una renuncia a tu posición, o indican que hay espacio para que el Corgi tome decisiones. Tu Corgi tomará eso como el modelo para conseguir lo que quiere en el futuro.

Mantenerse consistente y firme va a ser difícil. Estarás cansado o tendrás un día difícil, pero debes mantener tu postura, sin importar cuán adorable esté siendo tu cachorro o cuánto desees simplemente sentarte y acurrucarte en lugar de hacer el trabajo regular de adiestramiento.

El adiestramiento es una forma de educar a tu cachorro, y todos los perros de trabajo requieren que tú te mantengas enfocado, seas consistente y permanezcas firme al hacer cumplir el adiestramiento. La flexibilidad llega mucho más tarde, cuando el perro comprende cuáles son todas las reglas.

En este momento, estás enseñando a tu cachorro su lugar en la manada. No debe haber ninguna duda de que tú eres el perro alfa de la manada. Aunque los Corgis no tienen que ser el alfa, les gusta tener voz y voto. Si no está claro que tú eres un alfa firme, intentarán trabajar la situación de manera que les dés más participación en cómo se maneja la casa.

Foto cortesía de Gayla Miller

Algo a tener en cuenta es que los perros no se sienten cómodos si la jerarquía de la manada no está bien definida. Requieren estructura y un lugar donde sentirse cómodos. Si tú no eres consistente y firme, eso es una señal de que la estructura no está definida. Tu Corgi querrá definir las posiciones. Los Corgis no tienen problema en no ser el alfa, pero necesitan saber quién lo es. También necesitan conocer tu lugar para evitar ponerse ansiosos y estresados.

Gana Su Respeto Desde el Principio

Los perros operan sobre una base de respeto. Sin respeto, no van a escucharlo.

Recuerde que el miedo y el respeto no son lo mismo. Tú quieres que tu perro te ame, no que te tema.

Lograr que tu Corgi te respete es en realidad relativamente fácil. Mientras tú seas firme y consistente, tu Corgi se sentirá cómodo. Eso también significa que necesitas mantenerte enfocado. Si estás constantemente intentando hacer múltiples tareas a la vez y no logras completar lo que estás haciendo, no vas a obtener el respeto de tu perro (por supuesto, esto se refiere a tareas relacionadas con tu Corgi – no va a saber si tú completas tareas no relacionadas con él).

Una de las mejores maneras de obtener el respeto de un Corgi es a través de la interacción positiva, especialmente el refuerzo positivo. Al pasar tiempo con tu cachorro, estás construyendo una relación saludable y mostrándole al cachorro dónde se ubica en el orden de la manada. En última instancia, los Corgis solo quieren estar contigo pasándolo bien. Mientras seas firme y consistente, tu Corgi te respetará.

Fundamentos del Condicionamiento Operante

El condicionamiento operante es un término más científico para acciones y consecuencias. Lo que debes hacer es proporcionarle a tu cachorro Corgi las consecuencias adecuadas para cada comportamiento.

Con un perro de trabajo, la mejor manera de utilizar el condicionamiento operante es a través del refuerzo positivo. Este tipo de adiestramiento es más efectivo con perros de trabajo porque quieren complacer a sus dueños. Quieren trabajar contigo y cumplir sus tareas. Saber que están haciendo algo bien hace mucho más para fomentar su comportamiento que saber cuándo hacen algo mal. Con tanta energía, serán capaces de seguir intentándolo hasta que lo hagan bien.

Hay dos tipos de refuerzos para el condicionamiento operante:

- Refuerzos primarios
- Refuerzos secundarios

Utilizarás ambos durante el adiestramiento de tu Corgi.

Refuerzos Primarios

Un refuerzo primario le da a tu perro algo que necesita para sobrevivir, como comida o interacción social. Ambos son refuerzos increíblemente efectivos para los Corgis – les encantan las golosinas y pasar tiempo contigo. Eso es exactamente lo que hace que estas recompensas sean tan efectivas durante el adiestramiento.

Inicialmente, dependerás de los refuerzos primarios porque no tienes que enseñar a tu Corgi a disfrutarlos. Sin embargo, debes mantener un equilibrio. La hora de la comida y el tiempo de juego nunca deben ser negados a tu Corgi, sin importar cuán mal se desempeñe tu perro. Estas cosas son esenciales para vivir, y tendrás que proporcionarlas – eso no es negociable. Son cosas como golosinas y tiempo extra de juego las que se utilizan para reforzar el buen comportamiento.

Foto cortesía de
Jessi Hall

Es preferible proporcionar demasiada atención y afecto que demasiadas golosinas. Con su pequeña estatura, los Corgis necesitan mantener una dieta bien equilibrada para estar saludables. Si depende de las golosinas en lugar de la atención, estás preparandote a ti y a tu cachorro para problemas serios más adelante.

Refuerzos Secundarios

Probablemente has utilizado la repetición para mejorar en tus pasatiempos, deportes y otras actividades físicas – esto es refuerzo secundario. Sin duda, el experimento de Pavlov con perros es el ejemplo más reconocible de refuerzo secundario. Usando una campana, Pavlov enseñó a los perros que cuando sonaba la campana significaba que era hora de comer. Los perros de prueba comenzaron a asociar el sonido de una campana con la hora de la comida. Fueron condicionados para asociar algo no relacionado con un refuerzo primario. Puedes ver esto en tu hogar cuando usas un abrelatas. Si tienes gatos o perros, probablemente vienen corriendo tan pronto como el abrelatas comienza a funcionar.

Los refuerzos secundarios funcionan porque tu Corgi asociará el desencadenante con algo que quiere. Esto hace que tu cachorro sea más propenso a hacer lo que tú le dices. Los perros a los que se les enseña a sentarse usando solo una golosina reaccionarán automáticamente sentándose cuando tú tengas una golosina en la mano. Ni siquiera esperarán a que les digas que se sienten. Saben que sentarse significica más comida, así que lo hacen automáticamente una vez que estableces esa asociación. Por supuesto, este no es el adiestramiento adecuado porque necesitan aprender a sentarse cuando tú dices "siéntate", no cuando tienes una golosina. Ese es el verdadero desafío.

Afortunadamente, es relativamente fácil adiestrar a un Corgi con el desencadenante correcto porque son increíblemente inteligentes. Aunque aman la comida, puedes mostrarles que el desencadenante es la palabra, no la comida. Lo entenderán mucho más rápido que la mayoría de los otros tipos de perros.

También puedes usar juguetes y atención como una forma de conseguir que tu cachorro Corgi haga lo correcto. Si tienes un horario regular y estás dispuesto a cambiarlo un poco para dar a tu cachorro un poco de atención extra para hacer algo bien, eso será tan efectivo como una golosina porque aman la atención. Puedes llevar al cachorro a un paseo extra, pasar un poco más de tiempo jugando con un juguete favorito, o tomarte un tiempo para acurrucarte con el cachorro.

A veces también se requiere castigo, pero debes tener mucho cuidado con cómo lo hace. Tratar de castigar a un Corgi puede ser complicado, pero negarle su atención puede funcionar muy bien. Simplemente coloca a tu cachorro en un área cercada donde el Corgi pueda verte pero no pueda interactuar contigo. El pequeño gemirá y lloriqueará para hacerte saber que quiere salir. No cedas porque este es el castigo. Simplemente ignora a tu cachorro para que aprenda a no portarse mal.

Los castigos deben ocurrir inmediatamente después del comportamiento no deseado. Si tu Corgi mastica algo y tú no lo descubres hasta varias horas después, es demasiado tarde para castigar al cachorro. Lo mismo es cierto para las recompensas. Para reforzar el comportamiento, la recompensa o el castigo deben ser casi inmediatos. Cuando elogies o castigues a tu cachorro, asegúrate de mantener contacto visual. También puedes tomar al cachorro por el pellejo del cuello para asegurarte de mantener el contacto visual. No necesitarás hacer eso cuando estés elogiando a tu perro porque automáticamente mantendrá el contacto visual. A los Corgis les encanta escuchar sobre lo que hicieron bien y les encanta escuchar sus elogios.

Por Qué la Comida Es una Mala Herramienta de Refuerzo

Con la pequeña estatura de un Corgi, la comida no es algo que debas usar con frecuencia. No se necesita mucho para que un Corgi gane demasiado peso. Siendo el afecto y la atención motivadores tan exitosos, es mejor usarlos tanto como sea posible en lugar de acostumbrar a tu Corgi a recibir golosinas como recompensas. Úsalas con moderación.

Otra razón para usar las golosinas con moderación es que no quieres que tu cachorro responda principalmente cuando tienes comida. Si tu Corgi asocia el adiestramiento con golosinas, puedes tener dificultades para adiestrar a tu Corgi a escucharte sin ellas.

Las golosinas pueden usarse en las primeras etapas cuando el metabolismo de tu cachorro es alto y aún no ha sido condicionado para responder al refuerzo secundario. Esto te dará algo para ayudar a tu cachorro a aprender a concentrarse mientras lo adiestras para que entienda otros incentivos. No debería tomar demasiado tiempo antes de que puedas comenzar la transición. Las golosinas también son la mejor manera de adiestrar ciertos tipos de comportamiento, como darse la vuelta. Tu cachorro seguirá automáticamente la golosina, lo que le facilitará entender lo que quieres decir.

Las golosinas también son mejores para los comandos iniciales (sentarse, quedarse y dejarlo). Tu perro aún no entiende las palabras, y rápidamente hará la conexión entre lo que estás diciendo y por qué se le ofrece la golosina. "Déjalo" es muy difícil de enseñar sin golosinas porque no hay incentivo para soltar algo si tu cachorro realmente quiere el objeto que ya tiene en su boca. Las golosinas son algo que hará que el cachorro suelte lo que tiene mientras su atención y deseo se centran en la comida.

Pequeños Pasos hacia el Éxito

Durante las primeras semanas y meses, tu cachorro no va a entender lo que tú estás haciendo mientras intentas adiestrarlo sobre dónde usar el baño. Debes darte cuenta de que tendrás que comenzar lentamente y establecer una rutina diaria. Tu cachorro está en un lugar nuevo y eso será una distracción hasta que el lugar le resulte familiar. Una vez que el lugar sea menos emocionante, el cachorro podrá concentrarse en el adiestramiento sin tantas distracciones.

El adiestramiento realmente debe comenzar tan pronto como traigas a tu cachorro a casa. A medida que tu cachorro se familiariza con el entorno, puedes enseñarle a entrar en la jaula. Aprender a entrar en la jaula cuando se le ordena tiene algunos beneficios muy obvios, especialmente cuando necesitas salir y no tienes ganas de pelear con el cachorro. También es una excelente manera de presentar al cachorro las golosinas como recompensa para que el resto del adiestramiento sea un poco más fluido.

Debes comenzar con poco. Una vez que tu Corgi comprenda el sistema de recompensas, el adiestramiento comenzará a ser mucho más fácil y rápido.

Por Qué los Adiestradores No Siempre Son Necesarios

A los Corgis les encanta complacer a sus dueños. Cuando se portan mal, casi siempre es por aburrimiento. Esto es algo que puedes controlar fácilmente si no estás ausente durante grandes períodos del día. Si vas a estar ausente durante mucho tiempo (seis o más horas), la mejor manera de evitar que los cachorros Corgi sean destructivos es mantenerlos en sus jaulas cuando no estás. Si tienes perros mayores, son una excelente manera de mantener a los Corgis controlados y entretenidos. Aunque tendrás que usar la jaula al principio, incluso con un perro, con el tiempo, el perro o perros mayores pueden comenzar a ayudar al cachorro a pasar tiempo fuera de la jaula. Sin embargo, esto debe hacerse en pequeños incrementos. No dejes que el cachorro permanezca fuera de la jaula durante un día completo. Si tienes un par de recados que hacer y volverás en unos treinta minutos más o menos, ese debería ser un buen comienzo con el perro mayor a cargo.

Aparte de ti y un perro mayor, los Corgis realmente no necesitan ningún adiestrador especial. Si no tienes tiempo para hacer el adiestramiento tú mismo, deberías considerar un adiestrador. Sin embargo, si vas a tener un cachorro Corgi, es mucho mejor asegurarte de tener tiempo para hacerlo. El adiestramiento construye vínculos y respeto que son invaluables para tener éxito si deseas realizar un adiestramiento más avanzado.

Si nunca has adiestrado a un cachorro, una clase puede ser increíblemente útil para mostrarte cómo se hace. Sin embargo, realmente no es necesario tener tu propio adiestrador para ayudar. Tu Corgi quiere pasar tiempo contigo y quiere hacerte feliz – eso te da una ventaja distintiva cuando se trata de adiestramiento.

*Foto cortesía de
Kandace Wilkens*

Comandos Básicos

Hay muchas cosas que puedes enseñar a un Corgi a hacer, desde buscar objetos hasta proezas de agilidad, y todo ese adiestramiento comienza con algunos comandos simples. Con estos comandos, tu cachorro aprenderá no solo a realizar las acciones más básicas y necesarias, sino también aprenderá cómo aprender. Una vez que tu cachorro domine estos comandos, las posibilidades son infinitas.

Por qué su Tamaño y Personalidad los Hacen Compañeros Ideales

El adiestramiento es esencial para los Corgis. Son increíblemente inteligentes, y eso significa que necesitan ser adiestrados para ser buenos compañeros. Cuando están correctamente adiestrados, pueden ser uno de los mejores compañeros porque pueden viajar contigo a cualquier lugar. Si un Corgi está bien adiestrado, las personas a tu alrededor también disfrutarán de tener al perro cerca porque los Corgis son famosos por ser divertidos y enérgicos. Tienden a querer a todos y desean jugar. Dado que pueden acompañarte prácticamente a cualquier sitio, el adiestramiento rápidamente dará sus frutos mientras tú y tu mejor amigo comparten algunas de las aventuras más memorables. Si tu Corgi no está adiestrado, será mucho más difícil llevarlo a lugares porque es probable que ladre demasiado y destruya cosas dondequiera que vaya.

Elegir la Recompensa Adecuada

Uno de los aspectos más interesantes de tener un Corgi es determinar la recompensa adecuada. Tú querrás mantener las golosinas al mínimo, pero eso no debería ser un problema con un Corgi ya que hay muchas otras cosas que pueden motivarlos. Las golosinas pueden ser un buen punto de partida, pero necesitarás cambiar rápidamente a algo que sea un refuerzo secundario. Los elogios, tiempo adicional de juego y caricias extras son recompensas fantásticas para los Corgis, ya que les importa cómo tú te sientes y reaccionas.

Si comienzas a ganarte el respeto de tu Corgi, eso también puede utilizarse para ayudar a adiestrar a tu perro. El respeto no estará presente cuando comiences con los comandos básicos, pero después de algunas semanas, empezarás a ver cómo proporcionas a tu Corgi la motivación para hacer lo que le pides. Al final de cada sesión, brinda a tu cachorro atención extra o un agradable paseo para demostrar lo complacido que estás con el progreso que se ha logrado.

Foto cortesía de Kandace Wilkens

Adiestramiento Exitoso

El adiestramiento consiste en aprender los comandos. Si tu Corgi aprende a responder solo a las recompensas (como el perro que se sienta tan pronto como tienes una golosina en la mano), el adiestramiento no fue exitoso.

El respeto es generalmente la clave para ser un adiestrador exitoso. A medida que tú y tu Corgi trabajen juntos, tu perro llegará a respetarte (siempre que te mantengas consistente y firme). No esperes respeto en los primeros días de adiestramiento porque tu relación con tu cachorro no se ha desarrollado lo suficiente todavía y es demasiado joven para entender. Afortunadamente, esa inteligencia del Corgi comenzará a manifestarse temprano, haciendo fácil ver cuando tu cachorro está empezando a responder a tu reacción en lugar de solo a la recompensa. Este es el momento en que puedes comenzar a cambiar a recompensas que sean divertidas en lugar de aquellas centradas en golosinas y comida.

Incluso al principio, tú necesitas hacer que el manejo y las caricias sean parte de la recompensa. Pronto tu Corgi comenzará a entender que tanto las golosinas como las caricias son recompensas. Esto facilitará el cambio de golosinas a un sistema de recompensas más basado en la atención. Asociar el manejo y las caricias como algo agradable también animará a tu cachorro a ver el tiempo de juego como una gran recompensa. No importa cuánto le guste comer, ser entretenido y jugar contigo será una recompensa bienvenida ya que significa que el cachorro no está solo o aburrido.

Comandos Básicos

Para los Corgis, hay cinco comandos básicos que debes enseñar, y uno más que probablemente querrás comenzar a entrenar a tu cachorro para que entienda. Estos comandos son la base para una relación feliz y agradable mientras tu Corgi aprende cómo comportarse. Para cuando aprenda estos comandos, el propósito del adiestramiento será claro para tu Corgi. Eso hará mucho más fácil enseñar conceptos más complejos.

Debes enseñar estos comandos en el orden en que están listados. Sentarse es un comando básico, y algo que los perros ya hacen; solo tienen que aprender a hacerlo bajo el comando. Enseñar "déjalo" y cómo ladrar menos son comandos difíciles que van en contra de los instintos y deseos de tu Corgi. Van a tomar más tiempo que el resto, por lo que tú quieres tener la base necesaria ya establecida para aumentar tus probabilidades de éxito.

Aquí hay algunas pautas básicas a seguir durante el adiestramiento.

- Todos en el hogar deben ser parte del adiestramiento del Corgi porque necesita aprender a escuchar a todos, no solo a una o dos personas.

- Para comenzar, selecciona un área donde tú y tu cachorro no tengan distracciones, incluyendo ruido. Deja tu teléfono y otros dispositivos fuera de alcance para mantener tu atención en el cachorro.

- Mantente feliz y entusiasmado con el adiestramiento. Tu cachorro captará tu entusiasmo y se concentrará mejor debido a ello.

- Comienza a enseñar "sentado" cuando tu cachorro tenga alrededor de ocho semanas de edad.

- Sé consistente mientras enseñas.

- Trae una golosina especial a las primeras sesiones de adiestramiento, como pollo o queso.

Una vez que estés preparado, puedes comenzar a trabajar y crear vínculos con tu lindo pequeño Corgi.

Sentado

Una vez que te instale en tu tranquilo lugar de adiestramiento con la golosina especial, comienza el entrenamiento. Es relativamente fácil enseñar este comando. Espera hasta que tu cachorro comience a sentarse y dile "sentado" al mismo tiempo. Si tu cachorro termina de sentarse, comienza a elogiarlo. Naturalmente, esto hará que tu cachorro se emocione increíblemente y se mueva mucho, por lo que puede pasar un tiempo antes de que quiera sentarse de nuevo. Cuando llegue el momento y el cachorro comience a sentarse de nuevo, repite el proceso.

Foto cortesía de
Jessica Burleski

Va a tomar más de un par de sesiones para que el cachorro conecte completamente tus palabras con sus acciones. De hecho, podría tomar un poco más de una semana para que lo entienda. Los Corgis son inteligentes, pero a esta edad todavía hay tanto que aprender que el cachorro tendrá dificultades para concentrarse. Los comandos son algo completamente nuevo. Sin embargo, una vez que tu cachorro entienda tu intención y domine "sentado", los otros comandos serán más fáciles de enseñar.

Una vez que tu cachorro haya demostrado dominio sobre "sentado", es hora de comenzar a enseñar "echado".

Echado

Repite el mismo proceso para enseñar este comando que utilizaste para "sentado". Espera hasta que el cachorro comience a acostarse, luego di la palabra. Si el Corgi termina la acción, ofrece la recompensa elegida.

Probablemente tomará un poco menos de tiempo enseñar este comando después de que comience.

Espera hasta que tu cachorro haya dominado "echado" antes de pasar a "quieto".

Quieto

Este comando va a ser más difícil ya que no es algo que tu cachorro haga naturalmente. Estate preparado para que tome un poco más de tiempo entrenar este comando. También es importante que tu perro se siente y se acueste consistentemente bajo el comando antes de comenzar a enseñar "quieto".

Elije si usar el comando "sentado" o "echado" para comenzar, luego sé consistente. Una vez que tu perro entienda "quieto" para cualquiera de las dos posiciones, puedes entrenarlo para que se quede quieto en la otra posición. Solo asegúrate de que la primera posición sea dominada antes de intentar la segunda.

Dale a tu cachorro el comando "sentado" o "echado". Mientras haces esto, coloca tu mano frente a la cara del cachorro. Espera hasta que el cachorro deje de intentar lamerte antes de continuar.

Cuando el cachorro se calme, da un paso atrás. Si tu cachorro no se está moviendo, di "quieto" y dale al cachorro la golosina y algunos elogios por quedarse quieto.

Dar la recompensa a tu cachorro indica que el comando ha terminado, pero el cachorro también tiene que aprender a quedarse quieto hasta que tú digas que está bien dejar esa posición. Una vez que des el permiso para moverse, no le des golosinas. "Ven" no debe usarse como la palabra de permiso, ya que es un comando utilizado para otra cosa.

Repite los pasos, alejándote más del cachorro después de un comando exitoso.

Una vez que tu cachorro entienda "quieto" cuando tú te alejas, comienza a entrenar "quieto" incluso si no se está moviendo. Extiende la cantidad de tiempo requerido para que el cachorro permanezca en un lugar hasta que entienda que "quieto" termina con el comando de permiso.

Cuando sientas que tu cachorro ha dominado "quieto", comienza a entrenar al cachorro para "ven".

Ven

Este es el último en la serie de comandos, ya que no puedes enseñar este hasta que el cachorro haya aprendido los comandos anteriores.

Antes de comenzar, decide si quieres usar "ven" o "aquí" para el comando. Necesitarás ser consistente en las palabras que uses, así que asegúrate de planificarlo para que tú (y otros miembros de la familia) utilicen intencionalmente el comando correcto cada vez.

Pon la correa al cachorro.

Dile al cachorro que se quede "quieto". Aléjate del cachorro.

Di el comando que utilizarás para "ven" y da un suave tirón de la correa hacia ti. Siempre y cuando no hayas utilizado el término para indicar que el comando "quieto" había terminado, tu cachorro comenzará a entender el propósito de tu nuevo comando. Si utilizaste el término para

Foto cortesía de
Jessi Hall

indicar el final de "quieto", confundirás a tu cachorro porque lo asociará con poder moverse libremente.

Repite estos pasos, aumentando la distancia entre tú y el cachorro. Una vez que el cachorro parezca entenderlo, quita la correa y comienza de nuevo a una distancia cercana. Si tu cachorro no parece entender el comando, dale algunas pistas visuales sobre lo que quieres. Por ejemplo, puedes dar palmadas en su pierna o chasquear los dedos. Tan pronto como tu cachorro venga a ti, ofrece una recompensa.

Déjalo

Este va a ser uno de los comandos más difíciles que enseñarás a tu cachorro porque va en contra tanto de los instintos del Corgi como de sus intereses. Tu cachorro quiere quedarse con lo que tiene, así que vas a tener que ofrecer algo mejor. Sin embargo, es esencial enseñarlo temprano, ya que tu Corgi va a ser muy destructivo en los primeros días. Tú quieres establecer el desencadenante para convencer al cachorro de que suelte las cosas.

Es posible que necesites comenzar a enseñar esto fuera del área de entrenamiento, ya que tienes un punto de partida diferente.

Comienza cuando tengas tiempo para dedicar a la lección. Tienes que esperar hasta que el cachorro tenga algo en la boca para soltar. Los juguetes suelen ser lo mejor. Ofrece al cachorro una golosina especial. Cuando el Corgi suelte el juguete, di "déjalo", y entrega la golosina.

Esta va a ser una de esas raras ocasiones en las que debes usar una golosina de comida porque tu cachorro necesita algo convincente para que decida soltar el juguete. Por ahora, tu cachorro necesita el incentivo de algo más tentador que lo que ya tiene para aprender el comando.

Este será uno de los dos comandos que tomará más tiempo enseñar (siendo "quieto" el otro). Estate preparado para ser paciente con tu cachorro. Una vez que tu cachorro lo entienda, comienza a enseñar "déjalo" con comida. Esto es increíblemente importante porque podría salvar la vida de tu Corgi. Es probable que se lance hacia cosas que parecen comida cuando salgas a caminar, y al estar tan cerca del suelo, probablemente verá muchas cosas parecidas a comida mucho antes que tú. Este comando le enseña a soltar lo que esté masticando antes de ingerirlo.

Silencio

Al principio, también puedes usar golosinas con moderación para reforzar "silencio". Si tu cachorro está ladrando sin razón aparente, dile que se calle y coloca una golosina frente a él. Es casi seguro que el perro guardará silencio para olfatear la golosina, en cuyo caso, di "silencio" o "callado". No tomará demasiado tiempo para que tu cachorro entienda que "silencio" significa no ladrar. Sin embargo, puede tomar un tiempo para que tu cachorro aprenda a luchar contra el impulso de ladrar. Sé paciente con tu cachorro porque es difícil dejar de hacer algo que hace naturalmente. ¿Cuánto tiempo te tomó a ti aprender a levantarte temprano en la mañana o acostarte a cierta hora? Es similar para un Corgi aprender a no ladrar.

Hacia Dónde Ir desde Aquí

Estos son todos los comandos que probablemente necesitarás realmente con tu Corgi. Sin embargo, si quieres que tu Corgi haga trucos, puedes ir prácticamente a cualquier parte desde aquí. Estos comandos son la base del adiestramiento, y los Corgis son capaces de aprender mucho más. Solo asegúrate de que los trucos que enseñes no sean demasiado estresantes para tu cachorro. A medida que tu cachorro crezca, puedes comenzar a enseñar trucos que destaquen su agilidad. "Buscar" y otros trucos interactivos serán ideales porque tu Corgi querrá hacerlos.

CAPÍTULO 14

Nutrición

Así como tu propia nutrición es importante, lo que come tu Corgi juega un papel fundamental en su salud y energía. Con los Corgis, debes ser particularmente cuidadoso porque son muy ágiles e inteligentes. Debes asegurarte de que tu Corgi no pueda acceder a alimentos que tú no deseas que consuma. Esto significa no dejar comida en lugares donde tu Corgi pueda alcanzarla (y esos lugares son muchos más de los que tú podrías imaginar).

Mientras te aseguras de que no coma lo que no debe, también tienes que garantizar que tu Corgi reciba una dieta equilibrada. Esto asegura que pueda continuar siendo feliz y enérgico hasta sus años dorados.

Por qué es importante una dieta saludable

Los Corgis son una raza relativamente enérgica (especialmente para su tamaño). Su pequeña estatura puede hacer que sea más fácil ejercitarlos que a muchos perros de trabajo de razas más grandes, pero aun así requieren mucha más actividad que el perro promedio. Con lo ocupadas que están la mayoría de las personas, puede ser difícil salir y ejercitar a tu Corgi todos los días. Una dieta saludable y bien equilibrada es esencial para garantizar que tu canino no comience a ganar peso extra, lo cual sería muy perjudicial para su salud.

Debes estar atento a los hábitos alimenticios de tu Corgi y asegurarte de que la comida que consume forme parte de una dieta equilibrada (con algún premio ocasional). Presta atención al conteo de calorías de los alimentos que compras o preparas, y asegúrate de que todas las vitaminas y nutrientes más importantes formen parte de la dieta regular de tu Corgi.

Alimentos comerciales

La comida comercial para perros tiene enormes deficiencias. Al ser un alimento completamente procesado, no va a ser tan saludable para tu Corgi como la comida que tú mismo prepares. Tu perro tampoco podrá procesar todos los nutrientes de la comida comercial. Sin embargo, muchas personas no tienen tiempo suficiente para preparar buena comida ni siquiera para sí mismas – cocinar también para tu perro puede parecer una adición imposible a tu día.

Si lees la etiqueta y compras uno de los alimentos comerciales premium para perros, puedes darle a tu Corgi una alimentación que se alinee mejor con sus necesidades. Puedes agregar algunos extras a la dieta comercial diaria de tu perro para complementar cualquier nutriente que consideres que falta. Un poco de comida casera todos los días también será una adición increíblemente bienvenida para tu Corgi.

Preparando su comida naturalmente en casa

La comida casera puede tomarle unos cinco a diez minutos adicionales al día, pero al final vale la pena. Incluso puedes prepararla con los mismos ingredientes que utilizas mientras preparas tu propia comida. Aunque las necesidades dietéticas de tu Corgi son diferentes a las tuyas, puedes mezclar algo de tu comida con la de tu Corgi (teniendo en cuenta no agregar los alimentos potencialmente mortales para tu perro – revisa el Capítulo 5 para la lista de lo que no debes darle a tu Corgi).

Si bien no es recomendable alimentar a tu perro antes de quetú comas (el alfa de la manada siempre come primero), puedes dejar la comida en la cubierta o en la estufa para que se cocine a fuego lento, y luego alimentar a tu cachorro cuando hayas terminado. Las mejores comidas caseras deben planificarse para que sepas que tu perro está recibiendo los nutrientes adecuados.

Típicamente, el 50 por ciento de la comida de tu perro debe ser proteína animal, como pescados grasos, aves y vísceras. Un cuarto de la comida debe contener carbohidratos complejos, y el cuarto restante debe ser verduras y frutas. La calabaza, las manzanas, los plátanos y las judías verdes son excelentes alimentos para perros que también tienen un olor que tu Corgi probablemente adorará. También pueden ayudar a que tu perro se sienta más lleno más rápido, por lo que es menos probable que coma en exceso.

Comida para cachorros vs. comida para personas

Si planeas conseguir (o ya tienes) un cachorro de Corgi al que sabes que no tendrás tiempo de cocinarle, asegúrate de comprar alimentos específicamente elaborados para cachorros. No alimentes al cachorro con

Foto cortesía de Dawn Blanchard

comida de personas pensando que estará bien por ahora – porque no lo estará. Tu Corgi pensará que debe recibir comida de tu plato o de la cocina y es probable que luego se niegue a comer comida para perros. Es un precedente terrible que se establece cuando tu perro es joven.

Es mejor hacer la comida de tu cachorro si puedes. Su cuerpo tiene necesidades especiales mientras crece, y los primeros meses son particularmente críticos. Si puedes preparar la comida de tu cachorro durante el primer año aproximadamente, y luego cambiar a comida comercial para perros, será muy beneficioso para tu Corgi. También será un poco más amable con tu bolsillo.

Dieta, ejercicio y obesidad

Los perros no hacen dieta como las personas. Tú debes establecer un horario regular de alimentación y cumplirlo. Si haces que los premios y los bocadillos sean una parte regular de la dieta de tu Corgi, puedes estar seguro de que tu Corgi los esperará todos los días. Es un hábito terrible para cualquier perro, pero es particularmente peligroso para los Corgis.

Foto cortesía de
Cindy Duwe

En lugar de darle golosinas a tu canino, dedica un poco más de tiempo a mostrarle afecto. Cuando te sientes a ver la televisión, deja que tu Corgi se siente a tu lado (si tienes una política de "no perros en el sofá", siéntate en el suelo con tu Corgi). Sal y lanza una pelota para tu Corgi. Da un paseo extra.

Tu Corgi necesita una dieta equilibrada y ejercicio frecuente. Esto no solo es más saludable para tu Corgi, también es mejor para ti. Sin suficiente ejercicio, tu perro tenderá a volverse obeso, y eso será un problema grave más adelante en su vida. Acostúmbrate al ejercicio y al juego como sistema de recompensa en lugar de golosinas. Esto termina siendo un trato mucho mejor para ambos.

Advertencia sobre la sobrealimentación y el requerimiento calórico adecuado

Debes tener mucho cuidado con el peso de tu Corgi, particularmente una vez que tu cachorro se convierte en adulto. A los Corgis les encanta comer, y tú te sentirás tentado a ceder y darle comida a tu perro de vez en cuando. Sin embargo, esto no es una recompensa para tu Corgi – es un peligro. Es mejor mantener a tu perro con una dieta saludable.

Puedes verificar el peso de tu Corgi regularmente para asegurarte de que no se haya salido de control. Debido a que los Corgis son pequeños, puedes usar su propia báscula para pesarlos. Levanta suavemente a tu Corgi y súbete a la báscula. Resta tu peso, y ese es el peso de tu Corgi. Sé honesto sobre tu propio peso – ¡no afirmes que es el peso extra de tu perro y no el tuyo!

Contar calorías puede llevar tiempo, pero deberías tener una idea de cuántas calorías ha consumido tu perro cada día.

CAPÍTULO 15

Acicalamiento – Un vínculo productivo

Una de las cosas que la gente adora de los Corgis (además de sus fantásticas personalidades y su disposición para probar nuevas aventuras) es lo fácil que resulta cuidar de sus pelajes. A lo largo de los siglos, sus mantos se volvieron esencialmente resistentes a la suciedad, lo que hace que sea increíblemente sencillo acicalarlos.

Sin embargo, son perros que mudan abundantemente. Aunque su pelaje requiere muy poca atención, si no deseas montañas de pelo de Corgi recorriendo tu hogar, necesitarás incorporar el acicalamiento regular como parte de tu rutina.

Considera el acicalamiento como una manera de establecer vínculos con tu Corgi. Podrás dedicar tiempo adicional a acariciar y manipular a tu perro, reforzando su estatus como alfa y reduciendo su nivel de estrés.

Hay algunos otros consejos de acicalamiento que deberías conocer para cuidar adecuadamente de tu dulce cachorro durante toda su vida hasta la vejez.

Manejo del pelaje de tu Corgi

Cepillar a tu Corgi puede ser una excelente manera de establecer vínculos con tu perro y les proporciona tiempo dedicado juntos. Tu perro adorará la atención regular, y tú disfrutarás del tiempo para simplemente estar con tu mascota. Como los Corgis son tan pequeños, no tendrás que dedicar más que unos pocos minutos al cepillado.

Etapa de cachorro

Los cachorros requerirán un poco más de tiempo para cepillarlos porque es probable que no se queden quietos. Van a querer jugar, mordisquear y generalmente hacer cualquier otra cosa. Es bastante adorable, aunque si lo cepillas semanalmente, significará apartar más tiempo del que inicialmente podrías haber pensado que necesitabas. Puede cepillar a tu cachorro cuando esté demasiado cansado para causar problemas o utilizarlo como parte del entrenamiento para mantener la

Foto cortesía de
Betsy Ellsworth

calma. Ten cuidado de no fomentar comportamientos revoltosos durante el cepillado porque será difícil enseñar a tu Corgi adulto que este no es un comportamiento aceptable.

Edad adulta

Es mejor cepillar a tu Corgi al menos una vez por semana para mantener la muda al mínimo. Durante la primavera y el verano, cuando tu Corgi está mudando más de lo habitual, es posible que desees aumentar la frecuencia a tres o cuatro veces por semana.

Foto cortesía de
Elizabeth Schiavello

Solo deberías bañar a tu Corgi aproximadamente una vez por trimestre (o incluso dos veces al año). Tienen aceites especiales en su pelaje que mantienen la suciedad fuera, y si bañas a tu Corgi con frecuencia, eliminarás estos aceites. A menos que tu Corgi se revuelque en algo indebido, solo un baño ocasional debería ser suficiente para mantener limpio a tu cariñoso perro.

Baño: Cuidado con las orejas y los champús

Los baños no serán una tarea frecuente, lo cual es estupendo considerando que probablemente a tu perro no le gustarán. Asegúrate de conseguir un champú seguro para tu Corgi. Sin embargo, independientemente del tipo de champú que utilices, no permitas que el champú entre en las orejas de tu Corgi.

Deberías aprovechar este momento para revisar las orejas de tu Corgi en busca de infecciones, así como para asegurarte de que sus orejas permanezcan secas después del baño. Será un poco complicado, así que ten cuidado.

Si entra agua en las orejas de tu Corgi, deberás revisarlas durante varios días después para asegurarte de que no se infecten.

Corte de uñas

Esta será la tarea que probablemente te cause más problemas, pero si tu Corgi te respeta, no será demasiado difícil enseñarle a quedarse quieto para el corte de uñas.

Probablemente necesitarás cortar las uñas del cachorro una vez por semana. No estarás caminando o corriendo sobre superficies duras con tanta frecuencia, por lo que sus uñas no se desgastarán naturalmente.

Para los adultos, planifica revisar las uñas mensualmente. Si las uñas se están desgastando de forma natural (al caminar sobre concreto y otras superficies duras en el exterior), entonces no necesitará recortarlas.

Cepillado de dientes

Deberías cepillar los dientes de tu Corgi aproximadamente una vez al mes, desde la etapa de cachorro hasta la vejez. Esto no solo ayuda a mantener los dientes de tu perro limpios y saludables, sino que también promueve un aliento más fresco. Si notas que la placa y el sarro se acumulan rápidamente, puedes aumentar la frecuencia con la que cepillas los dientes de tu perro.

Limpieza de orejas y ojos

Necesitarás tener especial cuidado con las orejas de tu Corgi. Al menos una vez al mes, debes revisar las orejas de tu perro para detectar acumulación de cera, infección u otros problemas potenciales. Utiliza una bola de algodón con un limpiador aprobado por tu veterinario para limpiar suavemente las orejas. No debes intentar profundizar demasiado.

Nunca utilices un hisopo en las orejas de tu Corgi. Puedes crear un daño serio en el canal del aído.

Los Corgis no suelen tener muchos problemas con sus ojos, pero aun así debes comprobar que tu Corgi no tenga mucha suciedad en ellos después de una aventura al aire libre. Si parece que ha entrado suciedad en los ojos de tu perro, puedes usar un lavado ocular aprobado por tu veterinario. Generalmente, si el pelaje de tu perro está cubierto de suciedad, entonces debes asegurarte de que la tierra y el barro no hayan entrado en sus ojos.

CAPÍTULO 16

Cuidados Básicos de Salud

Los Corgis son muy queridos por su pequeña estatura y grandes personalidades, pero una de las características que los convierte en perros de trabajo tan exitosos es lo resistentes, robustos y saludables que son. Siempre y cuando cuides bien de tu Corgi, tendrás un compañero para muchos años. Sin embargo, debes tener cuidado con tu Corgi, ya que es probable que no te des cuenta cuando ha sufrido una lesión. Está demasiado concentrado en vivir aventuras y disfrutar del tiempo contigo.

Más allá de asegurarte de que tu Corgi no se esfuerce demasiado, necesitas realizar algunos cuidados preventivos básicos para garantizar que tu perro no desarrolle problemas fácilmente evitables. Muchos de estos tratamientos y preocupaciones son universales en el mundo canino, así que si tienes otros perros, probablemente ya conoces la mayoría de estos consejos. Toma este capítulo como un recordatorio de que de-

Foto cortesía de
Elizabeth Schiavello

bes mantener estos cuidados con tu Corgi (y asegúrate de incluir los tratamientos y el seguimiento en tu presupuesto).

Pulgas y Garrapatas

A los Corgis les encanta ser activos, y aunque puedes salir a menudo sin ir a zonas propensas a tener pulgas y garrapatas, siempre es mejor pecar de cauteloso y revisar a tu perro. Si a tu Corgi le encanta corretear por la hierba alta o en los bosques, definitivamente debes asegurarte de que no haya interrupciones en los tratamientos preventivos.

Dado que no bañarás a tu Corgi con frecuencia, deberás revisarlo en busca de garrapatas después de haber estado en el bosque. Asegúrate de realizar su cepillado semanal después de atravesar el bosque o lugares donde tu Corgi podría recoger garrapatas. Peina el pelaje de tu Corgi, buscando garrapatas en el pelo y adheridas a la piel. Como cepillarás a tu perro regularmente, los bultos y otros posibles signos de garrapatas serán más fáciles de detectar. Además, como tu Corgi es relativamente pequeño, no debería llevarle mucho tiempo completar todo el proceso.

Las pulgas serán un poco más difíciles de notar. La mejor manera de buscarlas es realizar una revisión rutinaria, como cuando haces su cepillado semanal. Si notas que tu Corgi se rasca más de lo normal, puedes comenzar a buscar pulgas en su pelaje.

Incluso si no va a zonas que probablemente tengan garrapatas, la posición baja del Corgi hace probable que al menos las pulgas sean una amenaza constante, ya que pueden estar en céspedes y otros espacios

Foto cortesía de Cherie Doyle

verdes cuidados. Si descubres que tu perro tiene pulgas, es posible que debas cambiar a un producto preventivo diferente.

Si prefieres un enfoque más natural para controlar pulgas y garrapatas, necesitarás dedicar algunas horas a investigar alternativas. No debes aumentar el número de baños que recibe tu Corgi, por lo que tendrás que asegurarte de que el lavado regular no forme parte de ningún remedio natural que selecciones. También debes verificar que el producto sea efectivo antes de comprarlo o elaborarlo.

Deberás tratar a tu Corgi mensualmente. Crea un recordatorio en tu teléfono u otro dispositivo para no olvidar ninguno de los tratamientos.

Gusanos y Parásitos

Aunque los gusanos y otros parásitos menos comunes no suelen ser un problema, aún así querrás asegurarte de que prácticamente no haya posibilidad de que tu Corgi los contraiga. Hay muchos tipos de gusanos que podrían convertirse en un problema:

- Gusanos del corazón (Dirofilaria)
- Anquilostomas
- Ascárides
- Tenias
- Tricocéfalos

Muchos de los signos de estos parásitos son difíciles de identificar, al menos en las etapas iniciales. Si tu perro presenta cualquiera de los siguientes signos, programa una cita con tu veterinario para que revisen a tu perro en busca de alguno de los diferentes parásitos menos comunes.

- Tu Corgi está inesperadamente letárgico.
- Comienzan a caerse parches de pelo (esto será notable si cepillas a tu Corgi regularmente) o si notas espacios irregulares en el pelaje de tu perro.
- El estómago de tu Corgi se distiende (se expande y parece una barriga prominente). Si esto ocurre, programa una cita inmediatamente para que lo revisen.
- Tu perro comienza a toser, vomitar, tiene diarrea o pierde el apetito.

Cualquiera de estos síntomas puede ser muy revelador en esta raza de alta energía, así que programa una cita tan pronto como notes cualquiera de estos cambios para eliminar el problema y devolver a tu Corgi al estado saludable que tú deseas.

Si tu veterinario diagnostica a tu Corgi con anquilostomas o ascárides, deberás programar una cita con tu médico para ti mismo. Ambos tipos de gusanos pueden contraerse a través del contacto con la piel, por lo que si tu perro tiene uno de ellos, es muy probable que tú también. Necesitarás recibir tratamiento para asegurarte de no sufrir y de que tú y tu perro no continúen perpetuándolos en tu hogar.

Los gusanos del corazón son algo que debes intentar prevenir activamente porque son un parásito potencialmente mortal. Existen medicamentos que garantizarán que tu perro no los contraiga.

Beneficios de los Veterinarios

Debes visitar al veterinario anualmente para chequeos y vacunas. Al igual que las personas tienen visitas anuales, los perros necesitan ser examinados regularmente.

Debido a que es un perro de alta energía, es probable que notes si hay un problema potencial con tu Corgi, pero no está garantizado. Las visitas anuales asegurarán que no haya algo de acción lenta que esté debilitando a tu perro. Los Corgis también son menos propensos que algunos perros a mostrar cuando están lesionados. Un veterinario puede identificar cuando un Corgi está haciendo demasiado o tiene una lesión que simplemente no has notado. Después de todo, si tu Corgi sabe que las lesiones significan menos aventuras y paseos, es probable que oculte o ignore una lesión en lugar de perder la oportunidad de pasar tiempo contigo.

Los chequeos de salud también son buenos para asegurarte de que tu perro está envejeciendo bien. Si hay síntomas tempranos de algo que no va bien con tu perro a medida que envejece (como artritis), podrás comenzar a hacer ajustes. El veterinario puede ayudarte a encontrar nuevas formas de manejar la salud de tu Corgi para que no tengas que reducir el tiempo que pasan juntos. Es posible que debas comenzar a dar paseos más cortos y frecuentes, pasar un poco más de tiempo jugando en casa o caminar por senderos más fáciles. Al final, vale la pena poder mantener a tu Corgi fuerte durante el mayor tiempo posible.

Alternativas Holísticas

Es comprensible que tantas personas busquen un enfoque más holístico para cuidar de sus mascotas. Sin embargo, debes dedicar bastante tiempo a investigar para asegurarte de no correr riesgos innecesarios. Las medicinas holísticas no verificadas pueden ser una pérdida de tiempo y dinero en el mejor de los casos, y potencialmente peligrosas en el peor.

Si deseas utilizar un medicamento holístico en tu Corgi, pide la opinión de tu veterinario y consulta con varios otros expertos en Corgis para ver cuál es el consenso antes de comenzar. Realiza tu propia investigación en línea en sitios neutrales. Lee lo que los científicos han dicho sobre el medicamento. Existe la posibilidad de que los productos que compras en una tienda sean realmente mejores que algunos de los medicamentos vendidos como holísticos.

Asegúrate de ser minucioso y de no correr riesgos innecesarios con tu Corgi.

Vacunación de su Corgi

Los Corgis tienen el mismo calendario de vacunación que la mayoría de las otras razas.

Las primeras vacunas son necesarias entre las seis y ocho semanas después del nacimiento del Corgi. Debes averiguar con el criador si estas han sido administradas y obtener los registros de las vacunas:

- Coronavirus
- Moquillo
- Hepatitis
- Leptospirosis
- Parainfluenza
- Parvo
- Estas mismas vacunas se requieren nuevamente entre las diez y doce semanas de edad.
- Estas mismas vacunas se requieren nuevamente junto con la primera vacuna contra la rabia entre las catorce y quince semanas de edad.
- Tu perro necesitará recibir estas vacunas (incluida la vacuna contra la rabia) anualmente después de eso.

Si realmente planeas utilizar a tu Corgi como perro de granja o para otro trabajo extenuante, necesitarás otras vacunas. Consulta con tu veterinario para ver qué más necesitará tu Corgi según el tipo de trabajo que realizará. Asegúrate de obtener el calendario para el mantenimiento de estas vacunas.

CAPÍTULO 17

Problemas de salud

Todos los perros de raza pura, incluidos los Corgis, tienen enfermedades y problemas genéticos que requieren que tú monitorees. Independientemente de cómo hayas encontrado a tu peludo miembro de la familia, puedes vigilar a tu Corgi en busca de signos y síntomas relacionados con las enfermedades genéticas comunes en los Corgis. Si tu perro comienza a mostrar signos o síntomas de alguna de estas enfermedades, programa una cita con tu veterinario para que examine a tu Corgi.

Si comienzas con un cachorro, hay muchas cosas que puedes hacer para garantizar la salud de tu perro. El criador debe tener registros de salud de las vacunas y las pruebas requeridas. Todos los detalles sobre las dolencias genéticas y comunes de los Corgis se encuentran en el Capítulo 4. Conocer la salud de los padres es una de las mejores maneras de

Foto cortesía de
Jennifer Durward

126

saber qué tan saludable será tu Corgi, pero ninguna raza es perfecta o está libre de problemas, sin importar cuán saludables sean los padres. Si los padres de tu Corgi provienen de una línea donde algunas de estas enfermedades estaban presentes, existe la posibilidad de que tu perro también tenga estos problemas, incluso si sus padres no los tuvieron. Debes estar consciente de estos problemas para poder vigilar a tu Corgi a medida que envejece.

Los Corgis son una raza relativamente saludable, especialmente para una con una historia tan larga.

Dónde suelen surgir problemas

Cualquier canino de pura raza necesita ser examinado para detectar problemas genéticos porque eso te permite saber qué debes vigilar y qué puedes hacer si tu perro comienza a presentar problemas genéticos. Siempre debes estar consciente de estos problemas potenciales para poder cuidar mejor a tu Corgi.

Dieta

Probablemente lo más sencillo que puedes hacer por tu Corgi es asegurarte de que siempre tenga una dieta saludable y equilibrada, además de suficiente ejercicio. Debido a su pequeña estatura, los Corgis no pueden soportar mucho peso adicional en sus cuerpos.

El hecho de que tu Corgi esté ganando peso no significa necesariamente que el problema esté relacionado con la alimentación. El hipotiroidismo es otro problema que podría causar que tu perro aumente de peso. Si tu Corgi está ganando peso y tú estás seguro de que no está relacionado con la alimentación, debes llevarlo al veterinario para ver si este es el problema. La letargia es otra indicación de hipotiroidismo.

Si aseguras que tu perro reciba una dieta saludable (con solo raras excepciones o premios), será más fácil determinar si el hipotiroidismo es el problema, y no un consumo excesivo de alimentos.

Ejercicio

A los Corgis les encanta moverse, algo que puedes olvidar ya que también les encanta simplemente estar contigo. Si prefieres un estilo de vida sedentario, un Corgi no es un buen perro para ti. Requieren varios paseos al día (o un par de paseos muy largos). No requerirán tanta actividad como los perros de trabajo más grandes (especialmente perros como los Huskies, Dálmatas y Blue Heelers), pero aún requieren más ejercicio que casi cualquier otro perro de su tamaño. Los Corgis pueden ser una raza pequeña, pero están llenos de energía.

Si tu Corgi es destructivo después de los años de cachorro, probablemente significa que no lo estás ejercitando lo suficiente. Dedica más tiempo a salir a caminar, participar en eventos relacionados con Corgis, ir a parques para perros o hacer senderismo. Tu Corgi será mucho más feliz por ello, y tú perderás menos cosas debido al aburrimiento destructivo.

Sin embargo, la razón más importante para ejercitar lo suficiente a tu Corgi es que un Corgi sedentario es muy propenso a aumentar de peso, un problema que su estructura realmente no puede manejar.

Importancia del criador para garantizar la salud de tu Corgi

Debido a que los Corgis tienen una historia tan larga, hay mucho que los criadores ya deberían saber sobre cómo cuidar a sus cachorros de la manera correcta. Esto incluye las pruebas. Si trabajas con un criador que forma parte de una de las organizaciones de Corgis (ya sea Pembroke o Cardigan), se les exige ser honestos y transparentes sobre posibles problemas de salud. La historia de la raza está bien documentada, por lo que ninguna enfermedad genética debería ser una sorpresa para los nuevos propietarios de Corgis.

Si el criador no puede proporcionarte una garantía de salud sobre tu cachorro Corgi, no compres un cachorro de ese criador. Si un criador

Foto cortesía de Elizabeth Schiavello

dice que un cachorro o una camada debe mantenerse en un lugar aislado por razones de salud, no trabajes con ese criador.

Pídele al criador que hable sobre la historia de los padres, los tipos de problemas de salud que han existido en la familia y si el criador ha tenido problemas con alguna enfermedad en particular en el pasado. Si el criador te da respuestas cortas o vagas, esto es una señal de que puedes estar obteniendo un Corgi que tendrá serios problemas de salud más adelante.

También trabaja con un criador que se tome el tiempo para hablar sobre los problemas y cuestiones de salud, pueda darte un historial detallado de los padres y camadas anteriores, y esté dispuesto a responder tus preguntas.

Enfermedades y condiciones comunes

Los Corgis tienen algunas dolencias comunes que debes conocer antes de llevar a tu cachorro a casa:

- Displasia de cadera
- Displasia retiniana y membranas pupilares
- Atrofia progresiva de retina (APR)
- Hipotiroidismo
- Criptorquidismo
- Epilepsia
- Problemas reproductivos
- Mielopatía degenerativa (las pruebas ayudarán a detectar este problema genético debilitante e incurable)
- Enfermedad del disco intervertebral (EDIV), que está asociada con sus lomos largos
- Enfermedad de von Willebrand (un problema de coagulación sanguínea)

Los Cardigan también pueden tener las siguientes dolencias:

- Cataratas, glaucoma, luxación del cristalino y anomalías de las pestañas
- Alergias
- Deficiencia de inmunoglobulina (un trastorno del sistema inmunológico raro pero grave)

Muchas de estas condiciones deberían ser examinadas antes de llevar a tu cachorro a casa. Si llevas a casa un perro mayor y no puedes obtener registros de salud para tu nuevo miembro de la familia, puedes llevarlo al veterinario para hacerle pruebas. Las visitas regulares al veterinario te ayudarán a detectar cualquier trastorno no genético, como problemas derivados de sus lomos largos. Tu veterinario también puede informarte cuando estás sobrealimentando a tu perro, o cuando el peso se está convirtiendo en una preocupación (ya que a menudo es difícil ver este tipo de problemas por tu cuenta).

Prevención y monitoreo

Aparte de los problemas genéticos (sobre los que debes informarte a través del criador y el historial veterinario del cachorro), el mayor problema que enfrentan los Corgis es la obesidad. Les encanta comer y son lo suficientemente inteligentes como para encontrar formas de acceder a alimentos que tú nunca considerarías. Asegurarte de que no pueda acceder a su comida es una de las mejores cosas que puedes hacer por tu Corgi. Sacarlo a hacer ejercicio regular intenso (o frecuente) es otra.

Vigila a tu Corgi para detectar otros problemas potenciales, ya que es probable que tu perro no permita que estos se interpongan en su diversión. Observa a tu Corgi en busca de signos de EDIV, una condición que significa que uno de los discos espinales de tu canino se ha roto o está abultado. Pregunta a tu veterinario por los signos de que esto podría ser un problema (es común en todos los perros pequeños con lomos largos). Si tu Corgi muestra algún signo de un problema de disco, llévalo inmediatamente al veterinario. A menudo, el reposo en la jaula y medicación ligera solucionarán los primeros signos. Sin embargo, si es más grave, puede ser necesaria una cirugía.

CAPÍTULO 18

Su Corgi en la Vejez

Los Corgis tienen una esperanza de vida promedio de entre once y trece años, lo que te brinda más de una década con tu maravilloso compañero. A la edad de nueve años, tu Corgi ya es un canino senior. A medida que tu Corgi envejece, tú necesitarás comenzar a hacer ajustes para ayudarlo a envejecer sin tener que renunciar a tantas de las actividades que a ambos les encanta hacer juntos. Muchos de estos ajustes deberán realizarse según las capacidades individuales de cada Corgi. Es posible que tu perro envejezca lentamente al principio, y luego comience a mostrar repentinamente su edad en cuestión de semanas. Tú necesitarás conocer los límites cambiantes de tu perro para que puedan continuar siendo activos sin exigirle demasiado.

Foto cortesía de Betsy Ellsworth

Los Corgis pueden volverse más lentos, pero no tienden a ser gruñones como muchas otras razas de perros pequeños y medianos. Siguen siendo animados y amigables hasta bien entrada su edad dorada, lo que hace fácil olvidar que simplemente ya no son capaces de hacer las cosas que antes hacían. Esto significa que tú puedes disfrutar de los años posteriores tanto como los primeros, excepto que no tendrás que dedicar tanto tiempo al adiestramiento y a problemas de comportamiento. En cambio, podrás relajarte y disfrutar de una vida más tranquila. Es fácil hacer que los años de vejez sean increíblemente agradables para tu Corgi realizando los ajustes necesarios que le permitan seguir siendo activo sin sobreexigirse.

Cuidado del Perro Senior

Foto cortesía de Sunny Hanford

Tu Corgi será mucho más fácil de cuidar como senior que en cualquier otra etapa de su vida. Las siestas serán tan emocionantes como los paseos. Dormir junto a ti mientras ves algo o incluso tomar una siesta contigoes prácticamente todo lo que se necesita para hacer feliz a tu Corgi.

Sin embargo, debes seguir vigilando la dieta y el ejercicio. Ahora no es el momento de permitir que tu Corgi comience a comer cualquier cosa o descuide sus paseos regulares. Un Corgi senior no puede manejar el exceso de peso, por lo que debes tener cuidado para asegurarte de que se mantenga saludable incluso a medida que envejece.

Si tu canino ya no puede manejar caminatas largas, haz los paseos más cortos y más numerosos, y pasa más tiempo jugando en tu jardín o en casa.

En cuanto a los elementos a los que tu Corgi necesitará acceder regularmente, deberás hacer algunos cambios entu configuración actual.

- Coloca recipientes de agua en varios lugares diferentes para que tu perro pueda alcanzarlos fácilmente cuando sea necesario. Si tu Corgi tiene problemas con la columna vertebral, puedes colocar platos de agua ligeramente elevados alrededor de la casa para facilitar la bebida.

- Cubre las superficies duras del suelo (como baldosas, madera y vinilo). Utiliza alfombras o tapetes que no se deslicen bajo tu Corgi.

- Añade cojines y ropa de cama más suave donde duerme tu Corgi. Esto hará que la superficie sea más cómoda y ayudará a que tu Corgi se mantenga más caliente. Existen calentadores de cama para perros si tu Corgi muestra a menudo articulaciones o músculos adoloridos.

- Aumenta la frecuencia con la que cepillas a tu Corgi para mejorar su circulación. Esto debería ser muy agradable para tu Corgi como una forma de compensar otras limitaciones en sus actividades juntos.

- Permanece en el interior durante el calor y frío extremos. Tu Corgi es resistente, pero su viejo cuerpo canino no puede manejar los cambios extremos tan bien como antes.

- Utiliza escaleras o rampas para tu Corgi en lugar de levantarlo constantemente. Levantar a tu Corgi puede ser más conveniente, pero no es saludable para ninguno de los dos. Permite que tu perro mantenga un poco más de autosuficiencia.

- Evita cambiar la disposición de sus muebles, particularmente si tu Corgi muestra signos de tener problemas con la visión. Un hogar familiar es más reconfortante y menos estresante. Si tu Corgi no puede ver con claridad, mantener el hogar familiar le facilitará moverse sin lastimarse.

- Si tienes escaleras, considera establecer un área donde tu perro pueda permanecer sin tener que usarlas con tanta frecuencia.

- Cree un espacio donde tu Corgi pueda relajarse con menos distracciones y ruidos. Es probable que tu Corgi no quiera estar solo a menudo, pero debería tener un lugar donde tú y tu perro mayor puedan simplemente relajarse sin ruidos fuertes o sorpresivos.

- Estate preparado para dejar salir a tu perro con más frecuencia para sus necesidades fisiológicas.

Nutrición

Dado que una disminución en el ejercicio es inevitable para los Corgis que envejecen, deberás ajustar la dieta. Si optas por alimentar a tu Corgi con comida comercial para perros, asegúrate de cambiar a la comida para perros senior. Si preparas la comida de tu Corgi, tómate el tiempo para investigar la mejor manera de reducir las calorías sin sacrificar el sabor. Tu canino va a necesitar menos grasa en su comida, por lo que es posible que necesites encontrar algo más saludable que aún tenga buen sabor para complementar los tipos de alimentos que le dabas a tu Corgi cuando era cachorro o un perro adulto activo.

Ejercicio

El ejercicio será un poco más complicado porque tu Corgi no va a querer admitir que los tipos de actividades que solían hacer ahora son demasiado difíciles. Depende de ti ajustar el horario y mantener a tu Corgi felizmente activo. Por lo general, aumentar el número de paseos mientras se disminuye la duración ayudará a mantener a tu Corgi tan activo como sea necesario.

Ten en cuenta que es más probable que tu Corgi aumente de peso en los últimos años, algo que su cuerpo realmente no puede manejar. Asegúrate de que la actividad no se reduzca demasiado para que tu canino no se vuelva obeso.

Esta será probablemente la parte más difícil de ver envejecer a tu Corgi. Sin embargo, deberás observarlo en busca de signos de cansancio o dolor para poder detener el ejercicio antes de que tu perro haya hecho demasiado. Tu ritmo deberá ser más lento y tu atención más centrada en tu perro, pero en última instancia puede ser igualmente gratificante. Probablemente notarás que tu Corgi pasa más tiempo olfateando. Esto podría ser una señal de que tu perro se está cansando, o podría ser la forma en que tu perro reconoce que los largos paseos constantes son cosa del pasado y está listo para detenerse y disfrutar más de las pequeñas cosas. Es un momento interesante y te da la oportunidad de comprender mejor a tu Corgi a medida que los años comienzan a notarse.

Estimulación Mental

A diferencia de su cuerpo, es probable que la mente de tu Corgi siga siendo tan aguda e inteligente en los años dorados. Eso significa que puedes comenzar a hacer ajustes para centrarte más en actividades que sean mentalmente estimulantes. Puedes comenzar a hacer adiestramiento por diversión porque tu Corgi será tan capaz de aprender ahora como cuando tenía un año. En realidad, es probable que sea más fácil ya que tu Corgi ha aprendido a concentrarse mejor.

Tu Corgi agradecerá el cambio de enfoque y la atención adicional. Conseguir juguetes nuevos para tu Corgi senior es una forma de ayudar a mantener activa la mente de tu perro si no deseas dedicar tiempo al adiestramiento. Luego puedes enseñarle al Corgi diferentes nombres para los juguetes porque eso es algo que le interesará (después de todo, seguirá trabajando por elogios). Cualquiera que sea el juguete que consigas, asegúrate de que no sea demasiado duro para las mandíbulas y dientes más viejos de tu perro.

El escondite es otro juego que tu Corgi envejecido puede manejar con relativa facilidad. Ya sea que esconda juguetes o a ti mismo, este puede ser un juego que mantenga a tu Corgi entretenido.

Exámenes Veterinarios Regulares

Así como los humanos van a los médicos con más frecuencia a medida que envejecen, tu Corgi va a necesitar visitar al veterinario con mayor frecuencia. El veterinario puede asegurarse de que tu Corgi se mantenga activo sin ser demasiado activo, y que no haya estrés innecesario en tu perro mayor. Si tu canino ha sufrido una lesión y te la ha ocultado, es más probable que tu veterinario la detecte.

Tu veterinario también puede hacer recomendaciones sobre actividades y cambios en tu horario basándose en las capacidades físicas de tu Corgi y cualquier cambio en la personalidad. Por ejemplo, si tu Corgi jadea más ahora, podría ser una señal de dolor por rigidez. Tu veterinario puede ayudarlo a determinar la mejor manera de mantener a tu Corgi feliz y activo durante los últimos años.

Dolencias Comunes de la Vejez

El capítulo 17 cubre las enfermedades que son comunes o probables en los Corgis, pero la vejez tiende a traer una serie de dolencias que no son particulares de ninguna raza. Aquí están las cosas que deberás vigilar (además de hablar con tu veterinario sobre ellas).

- La diabetes es probablemente la mayor preocupación para una raza que ama comer tanto como los Corgis, especialmente con su pequeña estructura. Aunque generalmente se considera una condición genética, cualquier Corgi puede volverse diabético si no se alimenta y ejercita adecuadamente. Esta es otra razón por la que es tan importante tener cuidado con la dieta y los niveles de ejercicio de tu Corgi.

- La artritis es probablemente la dolencia más común en cualquier raza, y los Corgis no son una excepción. Si tu perro muestra signos de rigidez y dolor después de actividades normales, es muy probable que tenga artritis. Habla con tu veterinario sobre formas seguras de ayudar a minimizar el dolor y la incomodidad de esta dolencia articular común.

- La enfermedad de las encías es un problema común en perros mayores, y debes vigilarlo tanto como con el cepillado de dientes cuando tu perro envejece como lo es a cualquier otra edad. Un control regular de los dientes y encías de tu Corgi puede ayudar a garantizar que esto no sea un problema.

- La pérdida de la vista o ceguera es relativamente común en perros mayores, al igual que en los humanos. A diferencia de los humanos, sin embargo, los perros no se adaptan bien a los anteojos. Haz revisar la visión de tu perro al menos una vez al año, y con más frecuencia si es obvio que su vista está fallando.

- La enfermedad renal es un problema común en perros mayores, y uno que debe monitorear a medida que tu Corgi envejece. Si tu canino está bebiendo con más frecuencia y tiene accidentes regularmente, esto podría ser una señal de algo más serio que simplemente el envejecimiento. Si notas que esto sucede, lleva a tu Corgi al veterinario lo antes posible y haz que lo revisen por enfermedad renal.

Disfrutando los Años Finales

Los últimos años de la vida de tu Corgi pueden ser tan agradables (si no más) que las etapas anteriores. La energía y las actividades que solían hacer serán reemplazadas por más atención y relajación que en cualquier otro momento. Finalmente tener a tu Corgi lo suficientemente tranquilo como para simplemente sentarte quieto y disfrutar de su compañía puede ser increíblemente agradable (solo recuerda mantener sus niveles de actividad en lugar de volverte demasiado complaciente con el nuevo amor de tu Corgi por descansar y relajarse).

Escalones y Rampas

Los Corgis son pequeños, pero eso no significa que debas levantarlos con más frecuencia a medida que envejecen. Hay dos buenas razones para asegurarte de que tu Corgi pueda moverse sin ser levantado.

- Sus largas columnas vertebrales hacen que sea menos seguro y saludable ser levantados con frecuencia.

- La independencia en el movimiento es lo mejor para ti y tu Corgi. No querrás que tu Corgi llegue a esperar ser levantado cada vez que quiera subirse a los muebles o entrar al automóvil.

Los escalones y las rampas son la mejor manera de asegurarte de que tu Corgi no esté demasiado mimado (quizás consentido sea una mejor palabra). También evita que la espalda de tu perro sufra un estrés innecesario.

Foto cortesía de
Elizabeth Schiavello

Disfruta las Ventajas

Los Corgis pueden ser muy divertidos en su vejez. Siguen siendo tan inteligentes como siempre, pero han aprendido a relajarse un poco más.

Su personalidad cambiará un poco, pero generalmente solo significa que es más probable que quieran relajarse contigo.

Son fantásticos perros de terapia, por lo que puedes llevarlos a lugares donde se necesiten perros de terapia (particularmente residencias de ancianos). Esta puede ser una excelente manera de relajarse o liberar la frustración después de un día largo o difícil. Los Corgis mayores son un compañero fantástico para volver a casa porque no quieren nada más que estar contigo. Mientras tú estés allí, ellos son felices. A veces eso es todo lo que se necesita para convertir un día desastroso en algo soportable.

Encontrarán los lugares más cálidos y cómodos, y querrán que tú te unas a ellos.

Son increíblemente devotos y estarán felices de compartir simplemente un corto paseo seguido de una noche tranquila en casa.

Qué Esperar de un Pembroke Mayor

Los Pembrokes mayores son tan amigables como siempre, solo que tienen limitaciones a las que no están acostumbrados. Ayuda a tu Pembroke a adaptarse a las limitaciones y asegúrate de que sepa que tú estás ahí tanto como antes para que sienta menos estrés. Su felicidad sigue siendo de suma importancia, así que asegúrate de hacerle saber a tu Pembroke que sientes lo mismo por él que siempre has sentido. La inclusión es increíblemente importante.

Qué Esperar de un Cardigan Mayor

Los Cardigans son más propensos a mostrar un comportamiento malhumorado y están más inclinados a ser perezosos si tú no los mantienes ejercitándose. Dado que están más inclinados a estar relajados a lo largo de sus vidas, la transición no será tan difícil. Es posible que necesites darles un lugar propio si tienes compañía, sin embargo, porque pueden no manejar el ruido adicional tan bien como sus contrapartes Pembroke.

www.ingramcontent.com/pod-product-compliance
Lightning Source LLC
Chambersburg PA
CBHW071312130626
46556CB00004B/1586